W0172155

STARTKLAR

Martina Leibovici-Mühlberger: Startklar

Alle Rechte vorbehalten
© 2020 edition a, Wien
www.edition-a.at

Cover und Gestaltung: Isabella Starowicz
Lektorat: Fabian Burstein

Gesetzt in der Premiera
Gedruckt in Deutschland

1   2   3   4   —   23   22   21   20

ISBN 978-3-99001-416-5

MARTINA
LEIBOVICI-MÜHLBERGER

START
KLAR

Aufbruch in die
Welt nach COVID-19

edition a

Inhalt

Was stimmt wirklich?

März 2020: Ich verlasse das Altwiener Innenstadt-
haus, in dem ich wohne, mit einem neuen Gefühl
von Bewusstheit und gleichzeitiger Spannung. Heute
sieht man sich um. Der breite Hauseingang im Man-
tel eines Jugendstilentrée mit dem kunstvoll verlegten
schwarzweißen Mosaikboden ist noch derselbe. Seine
Steine vermögen das Auge wie ein Vexierbild immer
aufs Neue mit ihrer springenden Geometrie zu narren.

Doch bereits beim ersten Schritt ins Freie ist es klar.
Die Etikette auf der Straße hat sich drastisch geändert.
Man weicht einander aus. Und man ist sehr achtsam
dabei. Wenn einem der Sicherheitsabstand von ein-
einhalb Metern nicht ausreichend erscheint, dreht
man zusätzlich den Kopf auf die andere Seite, sobald
man auf gleicher Höhe ist. Ängstliche tun das sowieso
bei jeder Begegnung, Vorausschauende wechseln lieber gleich die Straßenseite.

Im Schaufenster des Reisebüros ein paar Meter
neben meinem Hauseingang läuft ein Fernseher auf
Dauerschleife. Ein Werbefilm für Kreuzfahrten wech-
selt sich mit farbenprächtigen Bildern anderer tro-
pischer Reiseziele und einem Familienhotel an der

italienischen Adriaküste ab. Ein Angebot für kulinarisch Interessierte verspricht in einer Rundreise auch den Besuch der Kulturschätze der Lombardei. Auf dem Plakat nehme ich bereits eine feine Staubschicht wahr. Das wirkt jetzt alles ganz seltsam anachronistisch, skurril unpassend, ja längst überholt und das holt mich für einen Moment mit endlos auswegloser Verlorenheit so kräftig ein, dass sich meine Eingeweide schmerzhaft verschrauben. The day after! Unvermutet sind wir hier angekommen.

Aber das ist doch alles Wahnsinn, schießt es mir in einem Anfall von heißem Aufbegehren durch den Kopf. Da läuft doch ein kollektiver Irrsinn mit diesem Shutdown, der alles lahmlegt und die Großstädte zu seltsam schaumgebremsten Zonen macht, in die erste Wildtiere wieder einwandern. Millionen Menschen erkranken doch jährlich an der Grippe und zigtausende sterben dann auch daran. 2018/19 waren das alleine in Österreich 1400 und 2017/2018, einem besonders miesen Jahr, geschätzte rund 25.000 Tote allein in Deutschland. Trotzdem hat man nichts abgeriegelt, keine Veranstaltungen abgesagt, die Geschäfte nicht gesperrt, die Schulen nicht geschlossen oder dergestaltige Beunruhigung ausgelöst, dass sich alle vor einem Zombievirus fürchten, wie sie es jetzt tun und deswegen Hamsterkäufe tätigen. Die Schlacht ums Klopapier erlaubt dabei einen bemerkenswerten Einblick in die Seele. Wir sind wohl wirkliche Scheißer!

Manche und durchwegs anerkannte Stimmen aus der Gemeinschaft der Virologen, wie etwa Hendrik Streeck vom Uni-Klinikum Bonn, meinen, dass, wäre uns das Virus nicht aufgefallen, wir im Nachhinein vielleicht festgestellt hätten, dass wir dieses Jahr eine schwere Grippewelle gehabt hätten. Pure Massenhysterie also!

Ich spüre meine Wut und mein grimmiger Gesichtsausdruck ist wohl der Grund, dass mir die mit einer grünen OP-Maske ausgestattete entgegenkommende Frau gleich noch einen Meter mehr auszuweichen versucht.

Das Ganze ist vielmehr eine globale Case Study für die Lenkung kollektiver Massen, wir werden hier wohl gerade schrecklich verarscht und müssen die ganze falsche Show dann auch noch mit unseren Steuern bezahlen, denke ich. Und das alles, einfach weil ein paar Politclowns auf die falschen Virologen setzen oder manche Hardliner als Trittbrettfahrer der Gelegenheit hier vielleicht sogar die Unterwanderung unserer Bürgerrechte planen. Meine Wut hat mich jetzt gut im Griff, kreist siegessicher und adrenalingesteuert durch meinen Körper, während ich mich im kühlen Wind mit raschem Schritt durch die leere Innenstadt pflüge.

Ich trabe über den fast ausgestorbenen Heldenplatz, durchquere die Hofburg, denke an der Gottfried von Einem Stiege kurz daran, dass ich endlich meine alte Freundin Lotte Ingrisch, die Witwe von Gottfried von Einem, die mit dem Jenseits recht geläufig kommuniziert, anrufen muss und jetzt endlich Zeit dazu habe. Dann geht es weiter durch die Stallburggasse, vorbei an einem unsicher wirkenden einsamen Polizisten, der aussieht, als würde er etwas bewachen, obwohl mir nicht klar ist, was das wohl sein könnte, und durch die Bräunerstraße Richtung Graben. Vertrautes Gelände, Heimat und doch gleichzeitig fremd und leer heute. Langsam beruhige ich mich.

Andere Bilder steigen auf, beängstigende, Schrecken erregende. Das Interview mit einer verzweifelten Ärztin aus Cremona und jenes mit zwei Intensivmedizinern aus der Lombardei, die vor laufender Kamera Überforderung und Weinen fast nicht mehr zu unterdrücken vermocht hatten. Das geht mir nahe. Ich bin auch Ärztin. Ganz am Anfang meiner Laufbahn und noch geschützt durch die Unwissenheit und Unbewusstheit der Jugend habe auch ich Triage gelernt, jenes Verfahren, das bei begrenzten medizinischen Mitteln die Entscheidung festlegt, wer Hilfe bekommt und wer zum Sterben verurteilt wird. Es ist schrecklich. Unmenschlich, sagt man da gern. Und dennoch in Frankreich, diesem reichen, oberflächlicher Schönheit verpflichteten Land bereits Gegenwart, wenn alte Patienten mit COVID-19-Symptomen einfach nicht mehr in Spitäler aufgenommen werden, und sich die behandelnden Pflegeeinrichtungen darauf zurückziehen, mit höheren Dosen Schmerzmitteln das Leiden zu lindern und dabei verdeckt Sterbehilfe leisten.

Ein grausamer Spiegel des Neoliberalismus, der ein Gesundheitssystem auch für die Schwachen über Jahre systematisch ausgehöhlt hat. Die Bilder der langen Reihen von aufgebahrten Särgen in Norditalien und Spanien sind so beängstigend, dass sie trockene Kehlen verursachen. Die Berichte des ersten, sich gemessen bewegenden Zugs von Militärtransportern, die die Leichen abtransportierten, da die örtlichen Bestattungsbetriebe und Krematorien überfordert waren, haben mich, wie viele andere auch, verstört. Genauso die Bilder der in einer Eislaufhalle in Spanien gelagerten Toten oder jene der Kühllastwägen am Hintereingang amerikanischer Krankenhäuser. Für normal hängen in ihnen Rinderhälften. Im jetzigen Massensterben sind es gestapelte Särge.

Alle hängen wir an dieser schrecklichen logarithmischen orangen Kurve und an irgendwelchen Grafiken und Zahlen im Internet, die immer größer werden und möglicherweise zu allererst nur Fantasieprodukte mangelhafter Datenerhebung sind. Ein magisches »R«, das über die weitere Ansteckungsgeschwindigkeit entscheidet, wird zum Richter des Tages und Propheten, ob sich die Kurve abflachen wird und wir aufatmen können oder der steile logarithmische Anstieg einen hohe »pay toll« fordern wird, wir also auch in unserem Gesundheitssystem unausweichlich gegen die Wand rasen.

Was stimmt wirklich? Auf den zwei Kilometern bis zum Stephansdom, vor dem ich nun kurz anhalte, habe ich den Bogen meiner Einschätzung, wie COVID-19 zu sehen ist, von einer von Medien und einer Expertenelite getriebenen Massenhysterie, die die Wirtschaft vollkommen unproportional schädigt bis hin zu einer existenziellen Bedrohung, die jede Maßnahme einer Eindämmung verdient, gespannt. Ich bin zwischen Wut über die Aufbauschung, ja Lächerlichkeit und blankem, gefühltem Horror geschwankt. Das liegt ziemlich weit auseinander, würde ich sagen. Ich bin doppelt verwirrt, einerseits von der ungewöhnlichen Stille um mich herum, anderseits vom Sturm in meinem Kopf.

Über die fast ausgestorbene Kärntnerstraße, sonst ein Touristenmagnet durch den man sich durchnavigieren muss, gelange ich geradlinig zur Oper. Als Jugendliche bin ich oft dichtgedrängt mit anderen an der Stehplatzreling gehangen, später dann gemeinsam mit sozialem Aufstieg habe ich weiter vorne auf den Sitzplatzreihen Platz nehmen können. Werden wir alle, die keine privaten Logen finanzieren können, nach COVID-19 Angst vor unseren Nachbarn in der Reihe haben?

Der übergroße pinke Hase der Albertinapassage, der gleich daneben lange Zeit den Weg in dieses noble Untergrundnachtlokal wies, springt mich heute in der Reprise seltsam lächerlich an. Genauso wie die Erinnerung eines einige Zeit zurückliegenden Besuchs eben dort, zu dem ein mir damals sehr aufregend erscheinender Mann mich im Verführungstanz eingeladen hatte. Ein vernebelnder Schaumschläger, dessen wilde Arabesken von einfältiger Bindungsängstlichkeit nun mit neuer Nüchternheit entzaubert vor mir liegen. Die Krise spitzt alles an. Durch die Krise erlangt der Blick lang entbehrte Schärfe. So eine Krise ist nichts für Feiglinge. Sie hat die Macht, das Leben ins Wirkliche zu drehen, zu zeigen, was wichtig ist und was nicht - und wer ein wirkliches Gegenüber ist. Unter der Krise werden die Guten einfach noch besser und die Miesen ihrer Masken entlarvt, auch wenn jetzt alle Schutzmasken tragen sollen.

Plötzlich erkenne ich, dass es egal ist, ob unser Umgang mit COVID-19 auf einer simplen, gut geschürten Massenhysterie fußt oder es sich um die Dimension einer ernsthaften Bedrohung für unsere Menschheit handelt. Sich mit diesem Streit aufzuhalten hieße, sich der Dringlichkeit des tatsächlichen globalen Anliegens nicht zu stellen, denn was wir gerade erleben ist »Wirklichkeit«, erlebte, tägliche Wirklichkeit, ist die den Alltag bestimmende Realität! Diese Realität gilt es vollständig zu akzeptieren, ihre Bedeutung für unsere gesamte weitere Zivilisation zu verstehen. Die Aufgabe ist, die in ihr liegende Botschaft zu entschlüsseln.

Im Jänner 2020 war ich noch auf einem großen Ball in der Wiener Hofburg, auf dem sich Tausende eng durch die Gänge und auf den Tanzflächen drängten. Wir scherzten und kamen einander nahe, und die Nikotinfreaks begegneten einander im wirklich engen Schulterschluss im Raucherzelt. Anfang März flog ich für ein Meeting nach Innsbruck, wie man das eben so macht, und eine kurze Reise zu einem Klienten in Moskau musste ich dann unmittelbar auch noch unterbringen.

Der Flughafen war bereits erfreulich leer, was die Abfertigung angenehm machte, aber noch nicht wirkliche Nachdenklichkeit bei mir lostrat, da unsere Spezies ja gerne an einer einmal gewählten Wirklichkeit festhält. Für April hatte ich mit einem Arbeitspartner eine Reise nach Bangkok geplant, um Berufliches und Interessantes verbinden zu können. Er hatte mir auch einen Besuch bei seinem wirklich exzellenten Schneider um die Ecke angekündigt. Und irgendwann im Juni würde ich dann beginnen, in der Toskana mein übliches Sommerquartier zu beziehen, nachdem ich zuvor im Mai zweimal an den verlängerten Wochenenden überwachen würde, dass alles dort in Schuss gebracht würde.

Das alles wirkt aus heutigem Blickwinkel anachronistisch und das meiste unpassend, ja manchem gegenüber habe ich sogar ein mulmiges, fast ein wenig schuldiges Gefühl.

Jetzt leben wir nahezu von einem Tag auf den anderen in einer ganz anderen Welt. Strikte Ausgangsbeschränkungen werden verhängt, deren Einhaltung in manchen Ländern wie zum Beispiel in Israel mit Methoden, die sonst der Terrorbekämpfung vorbehalten sind, kontrolliert werden. Wer einen Funken Verstand zu haben behauptet, hält plötzlich einen garantierten Mindestabstand von einem Meter, besser zwei, vom nächsten Menschen ein.

Dafür schreiben mir plötzlich zahlreiche Menschen (und nicht alle hätte ich unbedingt vor COVID-19 zu meinen vertrauten Freunden gezählt), dass wir durchhalten müssen, dass wir nur gemeinsam durch die Krise kommen, und in den wenigen Begegnungen mit Passanten beim Ausführen des Hundes, dringender Besorgungen oder um sich den Lagerkoller kurz abzugehen, herrscht eine Stimmung ungewohnter Ansprechbarkeit und amikaler Gemeinsamkeit, obwohl wir Distanz halten.

Die ganze Welt hält sozusagen den Atem an, ganze Volkswirtschaften werden in den Boden gerammt, die Airlines haben ihre gesamte Luftfahrtflotte auf den Boden gebracht, der Individualverkehr ist um achtzig Prozent reduziert. Dinge also, die wir bisher als vollkommen unmöglich angesehen und nur verrückten Fantasten zugeschrieben hätten, sind zur Realität geworden. Die Forderungen von *Fridays for Future* sind keine Utopie, sondern derzeit weit über-

holt, schaut man sich die gegenwärtigen Satellitenbilder unseres Globus an. COVID-19 hat uns in eine
andere Realität geschleudert, geht über alle geografi-
schen Grenzen und zwingt uns, eigene Denkbarrieren
niederzureißen.

Aber was ist hier wirklich passiert?

Die Natur erhob ihr Haupt

Die COVID-19-Krise hat uns gezeigt, dass unser System durch seine Komplexität an einer Virus-Pandemie kollabieren kann. Was wir jedenfalls anhand der Corona-Krise sehen ist, wie unwahrscheinlich anfällig global vernetzte Systeme und Produktionsketten sind. Knock out – shut down – durch ein simples Grippevirus! Die Kabelbäume aus China fehlen, die riesigen Lederhäute aus Italien können nicht hergestellt werden, die entsprechenden Sitzbezüge in Rumänien daraus nicht genäht werden, verschiedene weitere Zulieferindustrien aus Polen und Frankreich haben ebenfalls ihre Pforten geschlossen und *BMW* muss nicht als einzige deutsche Automarke ihre Produktionsbänder für Wochen stoppen.

Den Überraschungseffekt hätten wir uns ersparen können, wenn wir in der Vergangenheit etwas mehr auf die Expertise von Virologen und Systemanalytikern gehört hätten. Die wunderten sich nämlich schon länger, dass ein mit COVID-19 vergleichbares Szenario nicht viel früher eingetreten ist.

Die rasant steigende Zahl der Weltbevölkerung, eine enorme Verdichtung in Ballungszentren, die rapide

Erhöhung der Geschwindigkeit in allen Lebensbereichen, globalisierte Transportwege, Massenmobilität, ein extrem hohes und damit immunschwächendes Stressniveau, all das lässt einen klaren Rückschluss zu: Es wird enger, sogar sehr eng, um es genauer zu sagen, zu eng. Die Menschheit selber, so dicht gepackt und ständig auf der Achse, ist ein großartiger Wirtsorganismus für ein Virus.

Doch was uns so sehr zum idealen Wirt macht, ist tatsächlich nicht in erster Linie durch unsere Biologie als großes warmblütiges Säugetier festgeschrieben. Die wirkliche Nahrung der globalen Pandemie, das Sprungbrett des viralen Erfolgs, findet sich in unserer Lebensweise und der dahinter liegenden Geisteshaltung. Oder ganz einfach ausgedrückt: Die biologische Krise COVID-19 spiegelt in erster Linie eine ideelle Krise der gesamten Menschheit wider. Diese Erkenntnis geht durch Mark und Bein, weil sie uns einige brutale Wahrheiten auf dem Serviertablett präsentiert.

Erstens. COVID-19 ist, auch wenn es im Kleid einer Naturkatastrophe einherkommt, eine zivilisatorisch bedingte Krise. Unser Verhalten, unser Denken, unser Wertekanon, eben unser »way of living« dienen als

Nährboden in der Petrischale des Globus für Pandemien wie den Corona-Ausbruch.

Zweitens. COVID-19 ist mit seiner Verlaufsform, sich rasant über den ganzen Globus auszubreiten, tatsächlich nicht unvorhersehbar über uns hereingebrochen, sondern folgte klaren systemtheoretischen Gesetzmäßigkeiten. Achtsamkeit in Bezug auf Grenzen des globalisierten Wachstums und kritische Reflexion bezüglich unserer Werte und Handlungsmuster sind eine viel effektivere Prävention als Masken, Impfungen und Sicherheitsabstände. Mit all diesen Maßnahmen können wir auch in Zukunft den Ereignissen immer nur einen Schritt hinterher hinken. Im besten Fall vermögen wir das Feuer zu löschen, doch nicht den Brand zu verhindern, und stehen am Ende in den rauchenden Trümmern.

Drittens. COVID-19 macht deutlich, dass einige bisher sakrosankte Paradigmen wie zum Beispiel das Streben nach grenzenlosem Wirtschaftswachstum und endlosem Konsum ausgedient haben müssen. Das Limit ist unsere eigene Biologie als verletzliches, sterbliches Wesen, denn die Mechanismen und Abläufe der Lebenswelt der Steigerungsgesellschaft töten uns.

Doch wir hatten Glück im Unglück. COVID-19 wird uns nicht ausrotten, sondern ist nur ein Schuss vor den Bug. Ein kräftiger, der ganzen globalen Menschheit spürbar hingeknallt, der uns zwingt, uns zu besinnen. Denn der Ausbruch der Pandemie macht sichtbar, dass diese gesamte Zivilisation weltumspannend im Eilzugtempo an die Wand fährt, wenn sie ihren Kurs beibehält.

Der Eilzug ist auch ein gutes Bild, um die gesellschaftlichen Auswirkungen zu verdeutlichen. Wir sitzen alle im Zug. Die Alten sitzen ganz vorne und werden von der Wucht des Aufpralls voll getroffen, vielfach mit Todesfolge. Die Jungen sitzen im letzten Waggon und können dem Crash vergleichsweise entspannt entgegenblicken. Doch wer sagt, dass bei der nächsten Fahrt nicht auch die Jungen auf den vordersten Plätzen gebucht sind?

Dieser Tage begegnet mir in Gesprächen mit Freunden oft das Bild der geknechteten Natur, die sich gegen ihren Peiniger, die Menschheit, auflehnt. Wen wundert es? Nicht zuletzt dank *Fridays for Future* sind die toten Flüsse, die gerodeten Amazonas-Wälder, die verheerende Verschmutzung der Weltmeere, die abschmelzenden Polkappen, die Sturm- und Hochwasserereignisse und sämtliche anderen Klimakatastrophen ins Zentrum der Aufmerksamkeit gerückt. Zum dramatischen Wendepunkt eines Thrillers ist es dann nicht mehr weit: Die versklavte Natur liegt schwer atmend vor ihrem arroganten Widersacher im Dreck. Doch dann geschieht das Unerwartete. Ein bislang nicht gekanntes Virus schwingt sich zur Rettung der Totgesagten auf. Mit letzter Kraft, aber dennoch würdevoll, hebt die Natur ihr Haupt, um die Spezies Mensch mit ihrer eigenen Lächerlichkeit im Angesicht einer tödlichen Seuche zu konfrontieren. »Du hältst dich für die Krone der Schöpfung?«, höre ich die Natur langsam, mit bedächtiger Stimme sprechen und als Zuschauer ahnt man bereits, dass sich jetzt gleich eine faktische Realität unabweislich enthüllen wird. »Mit dem Allerkleinsten, einem simplen Virus, vermag ich dich zu vernichten!«

Begann mit COVID-19 wirklich eine Dystopie, wie wir sie aus pathetischen, dunklen Katastrophenfilmen kennen? Ich behaupte, nein. Dies, obwohl ich mir bewusst bin, dass meine Behauptung von meinem Glauben an die reflektierenden Kräfte der globalen Gesellschaft und der Hoffnung, sie mögen den Diskurs bestimmen, getragen wird. Ich bin mir dabei bewusst, dass auch andere Optionen im Angebot sind. Aber ich habe neben Glauben und Hoffnung auch noch ein paar handfeste Argumente im Gepäck. Ich will sie in meinem Plädoyer »Machen wir uns startklar für einen Aufbruch in eine neue Welt« Ihnen als den Geschworenen und Richtern, die über das weitere Schicksal des Delinquenten namens Zivilisation entscheiden, präsentieren. Ich gehe sogar noch einen Schritt weiter. Die COVID-19-Krise könnte die Auftaktveranstaltung für die gelebte Utopie eines Goldenen Zeitalters werden. Wir müssen nur die Zeichen richtig deuten und entsprechend handeln.

Wir müssen uns
nur entscheiden

Ja, COVID-19 hat eine Krise ausgelöst. Das ist globaler Konsens, egal ob man zum Lager der kühlen Analysten oder zum Lager der mahnenden Hysteriker gehört. Die Krise ist real und deshalb mussten die politischen Entscheidungsträger handeln. Sie mussten mit Bedrohungsszenarien umgehen und der allgemeinen Unsicherheit entgegentreten. All das fand unter enormem Zeitdruck statt, gepaart mit der Gewissheit, dass jede Entscheidung weitreichende Auswirkungen auf unsere Zukunft haben wird. Nichts wird nach COVID-19 so sein wie vorher. Diese Festlegung transportierten Medien, Politiker und Experten unisono und fast vom Anfang der Krise an. So sicher die totale Veränderung zu sein scheint, so fragwürdig sind die damit verbundenen Konditionen des Weiterlebens.

Wie wird die Welt *nach* COVID-19 also aussehen? Sie wird gerade geboren, ist eben in statu nascendi. Doch eines ist klar. Ihr Antlitz, ob es sich um eine erschreckende, hässliche Fratze handeln wird oder sich ausgeglichene Harmonie in den Gesichtszügen spiegelt, wird davon bestimmt werden, für welche Spielregeln wir uns entscheiden.

Macht COVID-19 in der Folge also wirklich Tabula Rasa mit unserer Zivilisation und ihren Denkmustern? Oder werden wir uns in kollektiver Ängstlichkeit an das Bisherige klammern und mit noch mehr Härte, Druck und Konsum die Wirtschaftskreisläufe am Laufen halten, »koste es, was es wolle«? Könnte es stattdessen auch passieren, dass wir uns neu erfinden und uns von der Ausnahmesituation beflügeln lassen? Welche altgedienten Werte wollen wir dabei trotz der Aufbruchsstimmung in die neue Welt hinüberretten und wofür lohnt es sich zu kämpfen? Und am Allerwichtigsten, wie, in ganz praktischer und konkreter Weise, entwickelt sich die Welt nach COVID-19 weiter? Welche Schritte gilt es zu setzen?

Das Wort Krise kommt aus dem Altgriechischen und steht für eine »Beurteilung« oder »Entscheidung«. Das dazugehörige Verb »krinein« bedeutet »trennen« beziehungsweise »unterscheiden«. Womit eigentlich geklärt sein sollte, was im Moment zu tun ist. Wir müssen …

… *erstens* die Lage beurteilen und dazu möglichst viele kompetente Stimmen hören.

… *zweitens* Entscheidungen treffen, wie wir in Zukunft leben wollen.

… *drittens* unsere Handlungs- und Denkmuster auseinander dividieren, um dann zu entscheiden, von welchen dieser Muster wir uns in Zukunft besser trennen.

Das klingt eigentlich nicht so schwer und bedeutet dennoch eine Aufgabe, die sogar einem Titanen, wie sie in den griechischen Götter- und Heldensagen vorkommen, gröberes Kopfzerbrechen beschert hätte. Denn nicht weniger als eine schonungslose Selbstreflexion unseres Seins als Menschheit ist gefragt. Nackt und ungedeckt, dafür mit einer Haltung, die rationales Denken mit empathischem Empfinden in Einklang zu setzen vermag, müssen wir unserem Spiegelbild, der Zivilisation, vertrauensvoll und veränderungsbereit entgegenblicken. Wir werden dabei nicht nur wohlgefällige Errungenschaften erkennen, sondern auch mit Falten und Verwerfungen konfrontiert werden. Ja, und auch unsere eigene Hässlichkeit, ja sogar Niedertracht wird uns an mancher Stelle entgegen starren.

Doch seien wir mutig und sei es, weil wir jetzt bereits auf die Spitze der Klippe hinaufgeklettert sind und es kein Zurück mehr gibt. Das ist das Wesen der

Krise. In der Medizin ist die Krise der Höhepunkt der Erkrankung, jener Zeitpunkt an dem sich entscheidet, wie sich die Krankheit weiter entwickeln wird, ob der Patient sterben oder genesen wird.

Besser also, wir machen uns nichts vor. Die Krise hat sich angebahnt. Sie hat sich im kollektiven Unbewussten Schritt für Schritt aufgebaut und wurde durch die gesellschaftlichen Entwicklungen der vergangenen Jahrzehnte befeuert. Wir haben technologische Höchstleistungen in atemberaubendem Tempo vorangetrieben. Das exponentielle Wachstum, vor dem sich im Angesicht von COVID-19 nun alle fürchten, war unsere Wohlstandsreligion.

Dabei haben wir auch viele großartige Dinge auf den Weg gebracht. Globale Mobilität und technologische Netzwerke machten uns zu aufgeklärten Menschen, die im Austausch mit der ganzen Welt stehen. Scheinbar unüberwindbare Diktaturen, Autokratien und Blöcke wurden von aufblühenden Demokratien verdrängt.

Über all das haben wir zurecht gejubelt. Diese Errungenschaften der jüngeren Vergangenheit haben uns aber nicht davon abgehalten, gleichzeitig Überforderung, Beliebigkeit, Macht- und Wohlstandsgefälle und ungebremsten Konsumismus zu züchten. Wir wollten von möglichst allem so viel wie möglich und haben das maßlose Streben als Teil unserer hart erkämpften Freiheit interpretiert. Wir haben also das Kleingedruckte im Vertrag bewusst ignoriert. Das war jener Teil, in dem es bei aller Wahlfreiheit um die gleichzeitig uns zufallende Wahlverantwortung ging. Das trifft uns jetzt breitseite.

Dieser narzisstische Individualismus funktionierte ausgezeichnet im Fahrwasser einer neoliberalen Wirtschaftspolitik. Er prägte den Alltag unserer Gesellschaft und verursachte einen nur mehr als dramatisch zu bezeichnenden Anstieg bei der Diagnose von narzisstischen Persönlichkeitsstörungen. Im atemlosen Wettkampf der Selbstdarsteller blieben gleichzeitig viele auf der Strecke. Sie vermochten im Strudel der Selbstoptimierung weder zu bestehen noch sich ihm erfolgreich zu entziehen. Der sozialen Vernetzung standen Vereinzelung, Isolierung und Abschottung gegenüber.

Zusammengefasst müssen wir wie der Arzt am Krankenbett attestieren: Es gab Errungenschaften und es gab Fehlentwicklungen. Es gab Gutes und es gab Schlechtes. Wir haben unsere Energien und unsere Zeit in Materielles investiert und unsere Menschwerdung vernachlässigt. Nun müssen wir der Krise alle Ehre machen und uns entscheiden, von welchem Ballast wir uns trennen.

Die Normalität von früher gibt es nicht mehr

COVID-19 ist also, soviel sollte mittlerweile klar sein, nur ein Brandbeschleuniger für eine tiefe ideelle Krise. Es ist ein biologisches Symptom, das auf den Nährboden einer taumelnden Gesellschaft trifft und nur und gerade deswegen diese globale Wucht entfalten kann. Und das Anliegen ist dringlich, duldet keinen Aufschub. Denn jetzt ist das Leben. Und die Grenzen des alten Systems sind erreicht. Wir entscheiden also, ob das Geschehen zu einer gesellschaftlichen Chance oder zum Steigbügelhalter einer stufenweisen Vernichtung wird. Dessen sollten wir uns in jedem Moment bewusst sein, nicht nur in bleischweren schlaflosen Nächten.

Derzeit idealisieren wir noch das, was wir »Normalität« nennen und womit wir die Zeit vor COVID-19 beschreiben. Doch schon vor einigen Wochen, als wir noch in dieser »Normalität« lebten, war unser Leben bereits von tiefer gesellschaftlicher Verunsicherung und Orientierungslosigkeit geprägt. Der Vertrauensverlust gegenüber etablierten politischen und wirtschaftlichen Strukturen schritt stetig voran.

Mancherorts ertönte sogar der Ruf nach einem »starken Mann«. In Teilen der Welt wurde dieser Wunsch auch erhört und in rückwärtsgewandte Reformbewegungen mit autokratischen Führungsfiguren übersetzt. Und die scheinbar stabilen Demokratien suchten Halt in einer neurotischen Überregulierung, die die Illusion von persönlicher Freiheit durch absurde Regelwerke, Verordnungen und Gesetzeskonvolute konterkarierte.

COVID-19 macht Schluss mit diesem Firlefanz. Es demonstriert auf eindrucksvolle Weise, dass aufrechte Haltung ohne inneres Rückgrat ein Ding der Unmöglichkeit und für ein lebendiges Leben nie und nimmer durch ein äußeres Korsett ersetzbar ist. In Krisenzeiten sind die »Helden des Alltags« gefragt. Menschen, die Profil zeigen, deren Engagement sich nicht im Setzen eines Hashtags mit »stay at home« erschöpft. Menschen, die Haltung beweisen, wie etwa der Behindertenbetreuer Walter Weiss, der bei seinen mit Corona infizierten Schützlingen in der Wohngemeinschaft in Stockerau blieb. Oder das medizinische Personal in Italiens Spitälern, das sich der enormen Gefahr und der totalen Erschöpfung nicht durch Krankenstände entzog. Oder auch die Kassenkräfte in den Supermärkten, die geduldig die Hamsterkäufe der aufgewühlten Bevölkerung abfertigten. Sie alle setzen ein starkes Zeichen.

In ihnen zeigt sich ein humanistisches Profil, das ebenfalls Bestandteil unseres kollektiven Unbewussten ist. Denn auch das steckt in uns und wird nun in der Krise sichtbar.

Gerade jetzt und mit dem Vorbild all dieser Menschen, ihrem realen aktiven Handeln, eröffnet sich die Chance, frühere Fehler nicht nochmals zu begehen. Es ist wichtig, die positiven Aspekte der Krise wertzuschätzen. Doch heißt dies nicht, uns als »Gutmenschen« lautstark abzufeiern. Das würde bedeuten, den neuen weichen ideellen Kern der Krise in einem Overkill an kollektiver Selbstgefälligkeit untergehen zu lassen.

Deshalb nochmals: COVID-19 zeigt uns, dass wir mit unserer Lebensart, die wir als »Normalität« einstufen, das Ende der Fahnenstange erreicht haben. Wir, und damit meine ich die gesamte Weltbevölkerung, stehen an dieser verdammten Weggabelung und haben gerade noch Zeit, uns schnell mal am Kopf zu kratzen, bevor wir eine folgenschwere Wahl treffen.

Es wird ganz sicher nicht mehr mit lahmarschigem Herumlavieren funktionieren. Auch der Ruf nach einer neuartigen Versicherungspolizze im Gewand einer

Sonderförderung oder einer anderen Hauruck-Maßnahme wird nichts helfen. Die Auswirkungen der Krise sind zu tiefgreifend. COVID-19 ist mehr als eine Stammtischgeschichte der politischen Kleingeldjäger einer fernen Zukunft. Wir werden Verantwortung für unser weiteres Fortkommen als Spezies übernehmen müssen. Es wird Zeit, dass wir als Menschheit erwachsen werden!

Damit ist es klar, dass diese Krise an die Substanz unseres gesellschaftlichen Gefüges geht, ja gehen muss. Nach einer Normalität, wie wir sie kennen, brauchen wir uns nicht zurücksehnen. Sie hat in dieser Form ausgedient. Aber an der verdammten Weggabelung, an der wir jetzt sind, geht es um nicht weniger als die radikale Neudefinition von Normalität.

Die Veränderung der Welt

Über die Demokratie ist schon viel Gescheites geschrieben worden und ich halte es auf den Punkt gebracht mit Winston Churchill, der sie als die schlechteste aller Staatsformen, ausgenommen alle anderen, bezeichnete. Doch nun kommt die härteste aller bisherigen Bewährungsproben auf sie zu, denn die eigentliche Frage lautet: Wie können die vereinten Kräfte einer liberalen Demokratie das sensible Gleichgewicht von Eigeninteresse und Gemeinwohl tatsächlich global sicherstellen, ohne von Gegenkräften abgeschafft zu werden?

Damit sind wir an unserer zivilisatorischen Weggabelung angekommen und ich stehe mit viel Bange im Herzen und trockener Kehle vor den verschiedenen Hinweisschildern.

Ich hebe meinen Blick und ganz oben auf dem Pfahl, auf dem die Hinweistafeln angebracht sind, sitzt Corona und schaut mir sehr direkt ins Gesicht.

»Warum bist du gekommen?«, frage ich und meine Stimme klingt sehr heiser und weinerlich.

»Ich war es müde, euch zuzusehen, wie ihr alles um euch herum ruiniert, ich konnte es nicht mehr ertragen zu sehen, wie ihr miteinander umgeht, wie ihr beständig in Konflikten lebt. Ich hatte euren sozialen Neid, eure Selbstsucht und Gier satt, dass ihr keine Zeit habt für euch selber und auch nicht für die, die ihr vorgebt zu lieben. Eure kurzsichtige Oberflächlichkeit und beständige Sucht nach neuen Dingen, die ihr gleich wieder verwerft, hat mich angeekelt. Ihr seid beständig rastlos unterwegs und alles, was ihr oft mit Schmerz und Tränen anderer produziert, genauso. Damit habt ihr es mir leicht gemacht. Meine Mission ist es, euch zu zeigen, dass ihr euch selber vernichtet, wenn ihr euren Kurs beibehaltet. Ich wollte alles stoppen, um euch zu zeigen, dass das einzig Wichtige das Leben selber ist. Ich bin unsichtbar über alle Grenzen gereist, um euch zu mahnen, dass es keine wirklichen Grenzen gibt, ihr alle gleich seid. Ich habe euch in eure Hütten eingesperrt, euch isoliert und sosehr in Angst voreinander versetzt, dass ihr einander nicht mehr berührt und nur mit Masken begegnet. All das, damit ihr begreift, wie wunderbar eine Umarmung ist, ein Kuss, ein Spaziergang über eine Wiese oder durch die Gassen einer Stadt, damit ihr wieder versteht, wie sehr ihr einander braucht. In Wirklichkeit habt ihr selber mich gerufen.« Sein Blick ruht streng auf mir, auch wenn ich etwas Milde zu erkennen vermeine. Nun ja, es ist ja doch im Vergleich zu einigen Verwandten von ihm von zwar sehr umtriebigem, aber verhältnismäßig nachsichtigem Charakter.

Corona hat mich auf mich selbst zurückgeworfen. Was ich gerade gehört habe, löst ein Gefühl tiefer Resonanz in mir aus. Ich muss jetzt wählen, denn die Zeit drängt. Welche Richtungen stehen zur Auswahl und wie nehmen sich die unterschiedlichen Wege aus?

Ich stehe jetzt wirklich so knapp davor, dass ich die Aufschriften der einzelnen Schilder mühelos entziffern kann.

Route eins: Beharren im narzisstischen Ideal – der infantil-regressive Weg

Dieser Weg spricht alle an, die gerne an alten Gewohnheiten und Selbstbildern festhalten. Die wollen auch keine neuen Kontrollmodelle akzeptieren, sondern beinhart und unverbesserlich genauso weitermachen, wie eben bisher. Für die ersten paar Meter hat dieser Weg auch durchwegs seine Verlockungen. Ein glattes Asphaltband führt in gewohnter zuversichtlicher Breite und mit herzerwärmender Bekanntheit von der Weggabelung weg, aber hinter eine breite Buschgruppe, hinter die er nach ein paar Metern abbiegt, vermag ich dann nicht mehr zu blicken.

Auf jeden Fall der ideale Weg für alle, die nicht gern Neues ausprobieren wollen und zu großer Unsicherheit neigen. Natürlich sind das auch gerade jene, die im Wald am lautesten pfeifen. Und auch die, die für sich selbst werben und sofort verkünden werden, dass sie Corona mit ihrer unübertrefflichen Maschinerie besiegt haben, dem Virus einen so richtig festen Arschtritt verpasst haben.

Die werden dann auch gleich, sobald sie ihren Stinkefinger in Richtung Corona wieder eingepackt haben, vermelden, dass die Zukunft als gerettet betrachtet werden kann, wenn wir nur alle genauso weitermachen wie bisher. Allerdings mit der Auflage, das ganze Raffen und Schaffen jetzt logischerweise härter und rücksichtsloser zu betreiben.

Denn wir haben ja jetzt wegen diesem »Aas von einem Virus« eine Delle in unserer Wirtschaftsleistung. Folglich ist es auch selbstredend, dass »grün« nur mehr der Salat ist und all der »Grünquatsch« erst einmal ins Hinterzimmer gesperrt wird und richtige Industriekapitäne her müssen. Irgendwie werde ich das Gefühl nicht los, dass hinter der Biegung ein Abgrund lauern könnte.

Route zwei: Kontrolloffensive gegen den schleichenden Kontrollverlust – der ödipal verstrickte Weg

Die weitreichenden Krisen-Maßnahmen in Österreich, Deutschland und in vielen anderen Staaten rund um den Globus haben das Phänomen eines gesellschaftlich tolerierten Freiheitsentzugs mit sich gebracht. Zur Eindämmung von COVID-19 mussten wir in Kauf nehmen, dass wir nur in Ausnahmefällen und nur im Verbund mit einem sehr eingeschränkten Personenkreis die Wohnung verlassen dürfen. Wir erlebten die Stilllegung sozialer und kultureller Begegnungsstätten, die Ausschaltung des Bildungswesens und einen wirtschaftlichen Shutdown bei gleichzeitiger Erweiterung der Befugnisse von Behörden und Organen der Exekutive.

All das hat eine totalitäre Anmutung, ist aber, zumindest im Fall von Österreich, nicht undemokratisch, weil ein gewähltes Parlament, und sei es in Schreckstarre, das sogenannte »COVID-19-Maßnahmengesetz« gebilligt hat.

Die Idee war, die Verbreitung des Virus zunächst massiv einzudämmen und anschließend die Ansteckungskurve abzuflachen, was aus virologischer Sicht augenscheinlich eine dem Bürger einleuchtende

Überlegung war. Das klingt logisch, ja sogar nach einer vernünftigen Überlegung.

Wir müssen uns also damit abfinden, dass es jetzt und in Zukunft eine demokratisch legitimierte Option für einen Kontrollstaat gibt, der uns die Kontrolle über ein Virus als Karotte vor die Nase hält. Und in manchen Ländern begeben wir uns lieber gleich in die Obhut des großen, starken Vaters, der uns sagt, wo es lang geht. Weil er so vernünftig ist, wirkt dieser Weg auf den ersten Metern auch äußerst passabel, ein nicht ganz so breites, nicht ganz so glänzendes Asphaltband wie das vorige und ein paar Stolpersteine liegen auch herum.

Aber Vater Staat oder Papa Orban oder Erdogan werden »brave« Kinder schon unter ihre Fittiche nehmen und ausschildern, wie man zu gehen hat. Und auch Papa Modi hat allen kleinen Indern gerade wieder seine Anteilnahme und Sorge demonstriert, als er ihnen angeraten hat, sie mögen eine Kerze anzünden, um diese tiefe Corona-Finsternis, die Indien befallen hat, zu erhellen.

Wenn man ein großer Junge oder ein großes Mädchen ist, versteht man also, dass man einfach nicht alles haben kann, dass man also vernünftig zu sein hat und, wann immer der große schützende Vater es verlangt, die Pfoten vorhalten muss, damit er die Ränder unter den Fingernägeln überprüfen kann. Dafür ist man aber auch geschützt und braucht sich nicht mehr zu fürchten.

Ich habe ein Problem mit Dingen, die im Namen der Vernunft geschehen. Auch mit der daraus abgeleiteten Logik stehe ich häufig auf Kriegsfuß. Um welche Vernunft handelt es sich da? Das frage ich mich immer. Wer legt fest, was Vernunft ist? In liberalen Demokratien erleben wir derzeit, dass Expertengremien definieren, was Vernunft ist. Und die sind nicht gänzlich unbestritten, allerdings, solange man auch widersprechen darf, immer noch besser als die Meinung eines Einzelnen, jetzt wäre mir doch fast schon das Wort Führer aus der Feder gerutscht, und seines Klüngels.

Auch wenn dieser Weg so scheinbar zielgerade durch die Landschaft pflügt, befällt mich Unbehagen, wenn ich gegen den näheren Horizont blicke. Denn sehr kahl wird die Landschaft dort, sehr öde, ganz ohne jedes Leben. Und diese Gegend liegt gar nicht so weit weg.

Route drei: Werterevolution, in der Menschsein einen Wert bekommt – der integrierte Weg einer gereift autonomen Zivilisation

Ich betrachte nun den Weg zu dieser Hinweistafel genauer. Eigentlich wirkt er noch ziemlich frisch, wenig ausgebaut. Da liegt auch noch dazu eine Menge Zeug im Weg, wie man so sagt. Das verspricht einiges an Mühe, wenn man hier vorankommen möchte. Aber wenn ich der zart angedeuteten Kontur, die wohl von den Schritten einiger weniger herrührt, mit dem Auge folge, scheint die Landschaft immer belebender, ja die Sinne mit ihrem Anblick erhebender zu werden, je weiter hinaus ins Land man geht. Hier will ich entlang gehen, das Gras und die Erde unter meinen Füßen spüren und ich hoffe, dass viele andere diese Richtung ebenfalls wählen.

Wenn hier von einer Werterevolution die Rede ist, dann hat das nichts mit romantischen Weltverbesserungsfantasien zu tun. Dass wieder Delfine im Hafen von Triest herumschwimmen und die Fische in Venedigs Kanälen besonders fidel sind, reicht mir nicht als COVID-19-Errungenschaft.

Das berührt uns zwar, genauso wie die Satellitenbilder, die eine sauberere Atmosphäre zeigen, doch reicht es nicht aus, einen nachhaltigen Veränderungswunsch zu generieren.

Mit anderen Worten: Das könnte uns auch schnell schnurzegal sein, wenn wieder andere Interessen in den Vordergrund rücken können.

Der Weg der Werterevolution basiert auch nicht auf der moral- und positive Einsicht stiftenden Kraft überstandener Ereignisse. So funktioniert das nicht. Wer den Zahnarzt überlebt hat, fühlt sich zwar unmittelbar danach euphorisch. Er hört wegen der überstandenen Behandlung aber noch lange nicht mit dem Naschen auf. Die Erfahrung von Verzicht und der Erträglichkeit von Einschränkung führt nicht automatisch zu nachhaltiger Einsicht. Solche Schlüsse sind viel zu kurz gegriffen und gehen am evolutionären Sein des Menschen, seinem Wunsch nach Bequemlichkeit und Fülle vorbei.

Doch die noch viel tiefere, darunterliegende grundsätzliche Schicht unseres Seins ist es, durch die eine jetzt mögliche Werterevolution befördert werden kann. Dabei geht es um das tiefste Grundbedürfnis des Menschen, jenem nach Sicherheit. Und hierbei handelt es sich um kein psychoromantisches, sondern vielmehr um ein hochgradig pragmatisches Konzept, das die Kraft hat, uns zusammenzuschweißen und zwar ganz besonders unter Bedrohung. Denn Zugehörigkeit ist dabei der Schlüssel für unser Überleben.

Das hat damit zu tun, dass der Mensch aus biomechanischer Sicht ein Desaster ist. Er ist ein evolutionsbiologischer Konkursfall. Nicht auszudenken, wären wir ganz auf uns allein gestellt mit unseren bescheidenen körperlichen Fähigkeiten und mangelhaften Schutzmechanismen und Sinnesorganen der freien Wildbahn ausgeliefert. Bereits ein unspektakuläres Gebiet wie das Marchfeld würde uns in die Knie zwingen, wären wir auf unsere bloße Körperlichkeit zurückgeworfen. Und von der Alpenregion können wir gleich einmal absehen.

Die Erfolgsgeschichte des Menschen ist deshalb fernab der Anatomie und Beschaffenheit unseres Körpers zu suchen. Sie basiert ausschließlich auf dem Umstand, dass der Mensch radikal sozial und radikal kooperativ ist, um zu überleben. Es ist uns biologisch mitgegeben, dass wir einander brauchen. Wofür genau wir einander brauchen und wie wir das wechselseitige Brauchen organisieren, ist stark von der Situation abhängig und Teil unserer Sozialisierung, die sich in dem, was wir Verhaltensregeln oder im Volksmund dann auch gerne als Sitten und Gebräuche benennen, spiegelt. Eltern sagen zu ihren Kindern an dieser Stelle gerne: »Das ist einfach so. Das macht man so! Das gehört sich so.«, und geben damit Orientierung, wie man es anzustellen hat, damit man dazu gehört, seine »Schäfchen im Trockenen« hat.

Warum wir gute Chancen haben: Zauberstab »Social Mood«

Rekapitulieren wir kurz: Unser Sicherheitsbedürfnis, jenes nach körperlicher und seelischer Unversehrtheit und der Erfüllung unserer basalen Grundbedürfnisse (wir sprechen hier nicht von Wünschen) ist uns in unserem tiefsten Fundament als Wille zum Überleben aufgeschweißt. Kraft unserer äußerst bescheidenen Ausrüstung, die uns gerade einmal einen Platz irgendwo in der Mitte der Futterkette zuweisen würde, ist uns ein notorischer sozialer Zugehörigkeitswunsch zu unseresgleichen biologisch eingeschrieben, wodurch sich unsere Chancen beträchtlich verbessert haben und worin unser Aufstieg begründet liegt. Wir sind also radikal sozial und radikal kooperativ.

Auch wenn sich unsere Sitten und Gebräuche bekanntermaßen von Land zu Land, von Region zu Region, von Kontinent zu Kontinent unterscheiden, und wir als soziale Körper sozusagen unterschiedliche Tonarten oder Interpretationen hervorbringen, so ist die Melodie der Verhaltensregeln in jeder Kultur immer dieselbe. Das Lied heißt »Ode an die Sicherheit«.

In den Sozialwissenschaften hat sich der Begriff der »Social Mood«, also der »sozialen Stimmung« etabliert. Die »Social Mood« umfasst das Gesamtpaket an Überzeugungen, Wertungen, Haltungen und Eigenheiten, die eine Gesellschaft und so die steuernde soziale Stimmung prägen.

Mit anderen Worten: das, woran man, wenn man in sich hineinhört, einfach glaubt. Das, woran alle, wenn sie in sich hineinhören, einfach glauben. Den sozialen Konsens. Ich liebe diesen Begriff. Er ist ein atemberaubendes Beispiel des großen sich entwickelnden evolutionären Plans des Universum, ein Kunstgriff mit dem es gelingt, riesige Gruppen von Menschen, ja unter den spezifischen Umständen von Großereignissen sogar die gesamte Menschheit, auf gemeinsame Linie zu bringen. In diesem Begriff schwingen all die feinen Nuancen mit, die unser Zusammenleben prägen. Ob eine Gesellschaft akzeptiert, dass man auf die Straße spuckt oder nicht, ob sie es gut findet, wenn man mitten am Tag eine dreistündige Pause einlegt oder so eine Auszeit als pure Faulheit einstuft, ob sie eine nackte Männerwampe am Nebentisch als Zeichen von Wohlstand oder aber als sexuelle Belästigung betrachtet, all das ist Sinnbild für eine gesellschaftliche Stimmung, die natürlich auch Schwankungen und

Entwicklungen unterworfen ist und sich aus den kollektiven Überzeugungen speist.

Die »Social Mood« ist also der Zauberstab, der unser tiefstes Bedürfnis nach Sicherheit und Gesundheit, aber auch Wohlbefinden über gemeinsam geteilte Kulturnormen für eine gesamte soziale Gruppe reguliert. Wer dabei ist, fühlt sich eingebettet und sicher und darum wollen wir auch alle so gerne dazugehören, von der Rocklänge bis hin zur Schutzmaske, und immer am aktuellen Puls der »Social Mood« sein.

Nehmen wir ein einfaches Alltagsbeispiel: das Rauchen. Mit 17-einhalb Jahren bin ich zum ersten Mal in meinem Leben in ein Flugzeug eingestiegen. Mein Vater hat gleich nach dem Start eine Zigarettenpackung aus der Sakko-Tasche gezogen und gesagt: »So, jetzt bist du erwachsen, jetzt darfst du eine rauchen.« Also haben wir im Flieger von Wien nach Zadar durchgeraucht.

Das war damals tatsächlich selbstverständlich und hat keinen gestört. Und als eine ältere Dame nach einiger Zeit schüchtern anfragte, ob wir nicht ein wenig zurückhaltender mit unserem Tabakkonsum sein könnten, wurde sie von der Flugbegleiterin harsch zurechtgewiesen. Der Hinweis war, sie möge andere

Fluggäste nicht stören und sich doch daran halten, dass sie ohnehin auf der Nichtraucherseite säße.

Würden wir heute in 10.000 Metern Höhe eine Zigarette rauchen wollen, wäre eine Notlandung mit anschließender Stürmung der Maschine durch ein Sondereinsatzkommando die Folge. Während dem Landeanflug würde uns der ganze Flieger noch ausbuhen. Dies ist ein herrliches Beispiel, wie sich kollektives Verhalten über eine grundsätzliche Benimmregel durch eine Veränderung der kollektiven Überzeugung zu einem Thema verändert.

Die »Social Mood« hat sich zum Thema Rauchen geändert. So stark übrigens, dass meine erwachsenen Töchter mir heute in meinem eigenen Haus die nach dem Abendessen im »Raucherterritorium« der Küche angezündete »Genusszigarette« mit Missbilligung und Angst um meine Gesundheit vergällen. Wir sind eben klüger geworden, könnte man an dieser Stelle einwerfen und ich würde begeistert mit »Ja« zustimmen. Die »Social Mood« transportiert in sich den jeweiligen Erkenntnisstand einer Gesellschaft. Und darauf basiert auch meine Überzeugung, dass wir als menschliches Kollektiv, als gesamte Zivilisation über Änderung der »Social Mood« aus Covid 19 lernen und wachsen werden.

Die »Social Mood« hat also eine überragende Bedeutung für uns. Sie ist Orientierungshilfe, Navigationssystem, Rückversicherung und Überlebenskompass. Sie bestimmt unsere kollektive Wirklichkeit, unser soziales Koordinatensystem und unser Sicherheitsnetz. Die »Social Mood« ist unsere Wahrheit. Sie ist die Architektur unseres Lebens. Diese Architektur ändert sich im Lauf des gesellschaftlichen Lebensflusses beständig. Die Transformation von »Social Mood« ist wie die ewig unvollendete Arbeit eines plastischen Künstlers zu sehen, der unermüdlich an seinem Werkstück mit Meißel und Hammer arbeitet. Doch bisweilen ändert sie sich auch radikal. Immer dann, wenn weltumspannende Schlüsselerlebnisse unser Leben erschüttern und wir unsere Sicherheit bedroht sehen.

Nehmen wir als Beispiele die Nuklearkatastrophe von Tschernobyl oder die Terroranschläge vom 11. September 2001. Wer zu jung ist, um sich daran zu erinnern, wird aufgrund der kollektiven Erzählungen trotzdem denken, die erzählte Erinnerung sei Teil seiner oder ihrer eigenen Erinnerung.

Betrachten wir zuerst die Explosion des Reaktor 4 in Tschernobyl, die zu einem Super-GAU führte: An dieser Stelle könnte man mit etwas sarkastischem Unterton die Frage stellen, ob denn die Katastrophe von

Tschernobyl dazu geführt hat, dass nukleare Energie-
gewinnung von der Bevölkerung ausgehend tabuisiert
wurde, dass Politiker, die an Kernkraftwerken fest-
hielten, abgewählt wurden, dass die EU die nuklearen
Sicherheitsstandards in Osteuropa unter Kontrolle
hat? Die Antwort müsste hier unzweifelhaft »NEIN«
heißen. Aber blicken wir etwas genauer hin.

Ich war an diesem 26. April 1986 gerade in Buda-
pest und habe von den Ereignissen in Tschernobyl
erst drei Tage später, als ich nach Österreich zurück-
reiste und die Reifen meines Autos an der Grenze
einer speziellen Reinigung unterzogen wurden, erfahren. Zugegeben, ich war damals gerade frisch ver-
liebt und hing nicht Tag und Nacht am ungarischen
TV- oder Radio-Programm. Und viel mehr Möglichkeiten gab es nahezu nicht, von Vorkommnissen zu
erfahren.

Durch die eingeschränkte und damals im Vergleich
zu heute noch sehr langsame und wenig präsente Me-
dienberichterstattung konnte der »impact« des Er-
eignisses auf die »Social Mood« von den politischen
Machthabern, die noch dazu damals hinter einem
eisernen Vorhang saßen, und einer am Erhalt von
Atomkraftwerken interessierten Atomlobby entsprechend abgefedert werden.

Die »Social Mood« drehte sich nicht soweit, dass Atomreaktoren kollektiv tabuisiert wurden. Geblieben ist jedoch ein grundsätzliches Unbehagen gegenüber »Atomstrom«, der von der Allgemeinheit als gefährlich eingeschätzt wird. In Österreich hat man sich immerhin damals gratuliert, dass man sich bereits am 5. November 1978 mit knapper Mehrheit gegen die Inbetriebnahme des Atomkraftwerks Zwentendorf entschieden hatte. Und nach der Katastrophe von Tschernobyl wurde die Anti-Atomkraft-Politik in Österreich grundsätzlicher, gesellschaftlicher und auch parteipolitischer Konsens. Soviel zur Wirkung von »Social Mood«.

Betrachten wir nun die Ereignisse vom 11. September 2001: Ich war gerade in einem ziemlich vollen U-Bahn-Waggon, der irgendwo in der Röhre zwischen zwei Stationen steckte, als aus den Doppeltürmen des World Trade Centers schwarze Rauchwolken aufstiegen. Ich sah es direkt auf einem Fernsehschirm vor mir in der U-Bahn. Nur der untere Rand des Bildschirms wurde von der hochtoupierten Frisur der Frau vor mir verdeckt. Aber der Anblick reichte auch so. 9/11 fand 15 Jahre nach Tschernobyl statt. Globale, zeitgleiche Berichterstattung war bereits voll im Laufen, das World Wide Web hatte seinen Siegeszug bereits angetreten. Die Wucht, die 9/11 daher auf uns alle auszuüben vermochte, war sehr viel unmittelbarer und kollektiv wurde unsere Sicherheitseinschätzung gegenüber einer Gefährdung durch Terrorismus einer Neubewertung unterzogen und diskutiert.

Die »Social Mood« änderte sich grundlegend zu diesem Thema und damit unsere Verhaltensregeln. Seither gibt es an jedem Flughafen Sicherheitskontrollen, und konnte man vor 9/11 mit so ziemlich allem, was nicht gerade ein Alligator oder augenscheinlich gefährlich war, in ein Flugzeug steigen, so setzt einen heute schon ein vergessenes »Zippo-Feuerzeug« auf die Liste der Terrorverdächtigen.

Mit COVID-19 haben wir wieder so einen globalen Schlüsselmoment, der bis in die abgelegensten Ecken unseres Alltags hineinwirkt. Wir fühlen uns kollektiv bedroht, sehen unsere Sicherheit, ja sogar unsere Gesundheit gefährdet. Diesmal durch einen unsichtbaren, winzigen, aber vielleicht tödlichen Feind, der sich unberechenbar wandeln kann und dessen Todesschwadronen lautlos ohne Pass unterschiedslos jede Grenze passieren können.

Das Grundprinzip ist klar: Die Welt und ihr Geschehen ändert die »Social Mood« und in weiterer Folge uns. Was bedeutet das im Fall von COVID-19?

Der Prozess, der unsere »Social Mood« neuerlich maßgeblich ändern wird, hat bereits begonnen. Am 5. April 2020 waren auf Google zum Thema CO-VID-19 bereits mehr als 12 Milliarden Einträge zu finden, also etwa 1,5 pro lebendem Menschen. Zum Vergleich: »Donald Trump« kam auf rund eine Milliarde und »Liebe« auf etwa 17 Milliarden. Wir sind diesmal noch viel bewusster als nach 9/11 in den »Dialog der Konsequenzen« eingetreten und erweisen uns als erwachsene integrierte Zivilisation, die einer existenziellen Herausforderung mit den Mitteln des demokratischen Dialogs und der Haltung einer Balance von Rationalität und Empathie zu begegnen versteht. Am Ende verändert dieser Prozess nicht nur die »Social Mood«, sondern in weiterer Folge die Welt.

Tun wir das konsequent, hat COVID-19 ein Alleinstellungsmerkmal gegenüber bisherigen Krisen. Das erfordert ein In-Sich-Gehen und Reflexion, sowie wertschätzende, respektvolle Diskussion auf Augenhöhe und schließlich konsequentes politisches Handeln. Wir haben dank COVID-19 die Chance, die Welt von Grund auf neu zu gestalten, sodass unsere Kinder in zwanzig Jahren sagen: »Wow, das haben die gut gemacht.«

Wir haben bessere Voraussetzungen dafür als je zuvor. Denn in unseren Köpfen sind nicht nur abstrakte Katastrophenbilder aus einer entfernten Region und die medial gefilterten Reaktionen darauf. COVID-19 ist überall und auch überall in unserem eigenen Leben. Deshalb können wir auch auf sehr persönliche Stimmungen und Grundüberzeugungen zurückgreifen, die die ersten Tage der Krise geprägt haben. Sie funktionieren als intuitiver Leitfaden für unser Handeln und als positive Verstärker.

Wie wird COVID-19 also unsere »Social Mood« verändern? Stellen wir uns dazu jetzt einfach folgende Fragen:

Was habe ich im Verlauf der Krise auf der emotionalen Ebene gespürt?

Welche Erfahrungen habe ich mit Familie, Freunden und Kollegen gemacht?

Was habe ich im Alltag besonders vermisst und worauf kann ich zukünftig leicht verzichten?

Wo habe ich ein wohltuendes Zusammenrücken, wo vielleicht auch eine wohltuende Distanz gespürt?

Was möchte ich angesichts dieser Erfahrungen ganz konkret anders machen?

Welche Gefühle sind geblieben und wie kann ich sie konstruktiv nutzen?

Diese Art der Fragestellung führt uns zu einem Quantensprung im Denken, mit dem wir scheinbare Widersprüche wie Selbstbeschränkung und Selbsterweiterung, global und lokal, Individualität und Gemeinwohl lösen können. Für die Umsetzung der daraus resultierenden Erkenntnisse brauchen wir wohl junge Menschen und die Kraft ihrer unverbrauchten Ideen. Wir müssen die Impulse, die unsere »Social Mood« durch die erlebte Angst um unsere Sicherheit erfahren hat, konstruktiv und vorausschauend umsetzen und damit auch unsere Welt neu erfinden.

Ich habe in einem anderen Text geschrieben, dass wir in der besten aller Welten leben, der besten, die wir bisher schaffen konnten und ich glaube an diese Spezies und die Zivilisation, die sie geschaffen hat. Alles weist darauf hin. Wir haben unwahrscheinliche technologische Erkenntnisse, aber auch soziale Entwicklungen und humanistische Reifungsprozesse, wenn man als Beispiel hier nur die Entwicklung des

Rechtssystems seit Hammurabi betrachtet, bewerkstelligt. Das Leben für Vertreter unserer Spezies ist unserem tiefsten Grundbedürfnis entsprechend von Jahrhundert zu Jahrhundert immer sicherer geworden. Vielleicht ist uns dies zu Kopf gestiegen, hat uns überheblich gemacht und zu narzisstischen Individualisten und Materialisten geformt. COVID-19 mahnt uns jetzt mit einem Paukenschlag an unsere Menschennatur. Wir sind nur Teil eines gesamten großen globalen Ökosystems mit Namen Erde und ziemlich verletzlich. Hier ist nicht weniger als das Leben selbst bedroht.

Weckruf

Es ist Zeit. Es ist höchste Zeit, den Keim der Massenhysterie und die unumstößlichen Fakten zu einem verständlichen Ganzen zusammenzufügen.

Im Moment gibt es nur entweder oder. Die einen haben eine Ära des kollektiven Wahnsinns ausgerufen. Sie verwiesen auf Italien, auf die Lombardei und das Epizentrum Bergamo. Sie verkauften die von dort gelieferten Bilder als apokalyptische Endzeit-Wahrheit. Sie pflanzten COVID-19 als eine Art Zombie-Virus in die Köpfe der Menschen, mit potenziell noch tödlicheren Nachfolge-Pandemien, sollte die Welt die COVID-19-Pandemie doch irgendwie überleben. Diese Menschen bereiteten und bereiten sich darauf vor, von einer unsichtbaren Todesschwadron in Virusform dahingerafft zu werden.

Die andere Gruppe, der auch viele Ärzte und Gesundheitsexperten angehören, positionierten sich als Stimme der Vernunft. Diese Stimme der Vernunft sagte und sagt, dass das Ganze eine Massenhysterie war und ist. Dass Influenza, also die ganz normale Grippe, in ihren diversen Ausprägungen jedes Jahr viel mehr Menschen tötet als COVID-19. Und sie attestiert der Politik und ihren Beratern eine hysterische Überreaktion.

Doch Achtung! Diese Phase der totalen Polarisierung ist in vielerlei Hinsicht bequem. Jeder einzelne Mensch muss sich nur zwischen zwei Extremen entscheiden. Er ist davon entbunden, sich der wahren Komplexität des Problems zu stellen. Wir könnten also ganz bequem in diesem Streit verharren und uns im Anschluss und in der Aufarbeitung der Krise etwas später mit Lagerpolitik beschäftigen. Dies würde aber bedeuten, sich der Dringlichkeit des globalen Anliegens zu entziehen. Also denken wir lieber jetzt darüber nach, warum wir uns so verhalten.

Unser soziales Gefüge reagiert deshalb so übersensibel, weil uns die hohe Übertragbarkeit von COVID-19 etwas entzieht, das wir permanent zu besitzen vorgegeben haben. COVID-19 entzieht uns Kontrolle.

Es erschüttert damit ein Grundbedürfnis unserer Gesellschaft und zwar auf eine besonders bildliche Art und Weise. Nicht umsonst gilt eine Marketingkampagne als besonders geglückt, wenn sie im Internet »viral« geht, sich also rasant im Schneeballeffekt verbreitet.

Mit COVID-19 geht nicht eine Werbebotschaft oder ein dämliches Video sondern ein echtes Virus »viral«.

Und zwar leibhaftig im Hier und Jetzt. Mit seiner hohen Übertragbarkeit führt uns das Virus eine sehr unangenehme Form von Verletzlichkeit vor Augen. Eine Verletzlichkeit, die uns selbst als Individuum und das gesamte System in dem wir leben gleichermaßen betrifft.

Die bittere Erkenntnis aus solchen Krisenzeiten lautet: Unsere Zivilisation funktioniert nur im Normalbetrieb. Ein Virus, das rasch ansteckend ist, genügt, um alle Bereiche unseres gesellschaftlichen Gefüges aus den Angeln zu heben. Das hören wir nicht gerne. Da schauen viele von uns lieber weg, als dem vermeintlichen Basilisken ins Gesicht. Da ist Zuflucht in Polarisation, nachfolgende Schuldzuweisung und Lagerstreitigkeit willkommene Ablenkung, um den eigentlichen Weckruf überhören zu können.

Es ist deshalb höchste Zeit. Höchste Zeit, hinter den Streit über die Gefahrenbewertung von COVID-19 zu blicken. Dieser Blick gibt uns möglicherweise Antworten darauf, wie wir uns jetzt sofort verändern müssen.

Eine Urgewalt namens Veränderung

Im Grunde ist es egal, auf welcher Seite ein Durch-schnittsbürger im Corona-Streit steht. Das Entschei-dende ist die Wirklichkeit, die Alltags-Realität, in der er lebt. Und die hat sich dramatisch verändert.

Ich habe anfangs von meiner rauschenden Ball-nacht im Januar, von meinen Trip in den interna-tional gefürchteten Corona-Hotspot Tirol und von meinen zukünftigen Reiseplänen erzählt. All das hatte die Politik zur Eindämmung der Pandemie mit Gesetzen unterbunden. Das Bemerkenswerte ist, dass uns dieser radikale Wandel im Angesicht der COVID-19-Bedrohung angemessen vorkam. Die so genannte Normalität kann sich also innerhalb weniger Tage wandeln und wir alle sind tatsächlich im Stande, mit so einem Wandel umzugehen. Das ist insofern erstaunlich, als dass unser Alltag voll von Menschen ist, die Veränderung tunlichst meiden und bereits von einem Software-Wechsel im Büro oder einer Änderung des jährlich angesteuerten Ur-laubsortes überfordert sind.

Die hohe Anpassungsfähigkeit im Krisenfall soll aber nicht darüber hinwegtäuschen, dass es natürlich

Sinn macht, Veränderung vorauszusehen und in die Zukunftspläne einzubinden.

Wir haben hier ein klassisches Henne-Ei-Problem. Wir verdrängen potentiell bevorstehende Veränderungen, weil sie uns Angst machen, würden wir sie aber nicht verdrängen und stattdessen Schritt für Schritt in unseren Alltag einbauen, wäre die Veränderung nicht so frappant.

Das gilt auch oder gerade für eine vermeintliche Naturgewalt wie COVID-19. Niemand geringerer als *Microsoft*-Gründer Bill Gates hat bereits 2017 vor einer Epidemie und 2018 vor einer Pandemie gewarnt. Er hat ein Szenario skizziert, in dem wir als Zivilisation lahmgelegt werden, weil wir auf solche Dinge einfach nicht vorbereitet sind.

Bill Gates folgte in seinen Schlussfolgerungen einer Abwehr-Logik. Er stellte also die Frage, was wir im bestehenden System zusätzlich brauchen, um mit so einer Krise umgehen zu können. Seine Lösungsansätze drehten sich um einen höheren Grundstock an medizinischen Geräten und um eine Forschungsoffensive zur schnelleren Entwicklung von Impfstoffen. Bill Gates ist also nicht systemkritisch. Bill Gates ist systemfolgend. Sein Denkansatz ist linear und baut auf dem auf, was derzeit ist.

Besser als gar nichts.

Denn hätten wir auf Bill Gates gehört, wären weniger Menschen aufgrund eines massiven Mangels an Beatmungsgeräten gestorben und wir würden auch nicht den Atem anhalten, wenn ein narzisstischer Staatenlenker wie Donald Trump exklusiv nach dem Impf-Know-how einer europäischen Firma angelt. Ganz einfach deshalb, weil es auf dem Markt viele vergleichbare Pharmaanbieter gäbe.

Ein grundlegendes, ideelles Veränderungspotential liegt allerdings in einem sogenannten disruptiv-ideologischen Ansatz. Wir müssen uns trauen, rationales Denken und empathische Abschätzung zu einem Gesamtansatz zu verbinden. Erst damit können wir die Rückseite des Spiegels überhaupt wahrnehmen, unser kreatives Potential entwickeln und bisher noch nie gefundene Lösungen erfinden. Wir müssen uns der Frage stellen, ob die Art von Zivilisation, wie wir sie leben und verteidigen, nicht die Ursache des Problems ist. »Zu spät«, riefen die Bewahrer und Bedenkenträger in der heißen Phase der Krise und rufen es noch. »Das Virus ist da. Jetzt müssen wir mit dem System, das wir haben, kämpfen, um die Normalität, die wir kannten, so gut wie möglich wieder herstellen zu können.« Für den Kampf gegen das Virus im Moment, in dem er zu beginnen war, mag das stimmen. Für die Zukunft ist so eine Herangehensweise grob fahrlässig.

Wir hatten bislang nämlich großes Glück. Im 18. Jahrhundert gab es gerade einmal eine Milliarde Menschen. Seit 1800 beobachten wir ein steiles Bevölkerungswachstum. 1966 umfasste die Weltbevölkerung bereits drei Milliarden Menschen. Diese Zahl ist bis 2020 auf unfassbare 7,8 Milliarden angestiegen.

Die Zyniker aus der Ökologie-Bewegung sagen häufig, der Mensch sei das eigentliche Virus, das unsere Erde befallen hat. Aus einer rein epidemiologischen Logik heraus macht diese Metapher vielleicht sogar Sinn und aus jener Perspektive von »Mr. Smith« aus *Matrix* kann sie als gesichert gelten, wenn er sagt: »Humans are a virus.« Stellen wir uns unsere Erde als ein Gefäß vor. Sie erscheint uns riesig, ist aber dennoch ein begrenztes Gefäß, in dem der Druck durch Wachstum auf allen Ebenen steigt.

Dieser Druck ist kein Naturgesetz, er ist von Menschenhand gemacht und dem schillernden Begriff von »Fortschritt«, der bisher als Legitimation diente, geschuldet. Wenn man in ein beschränktes Gefäß (Globus) immer mehr Teilchen (Bevölkerung) füllt und diese unter immer größeren Druck und Anheizung (Begehrlichkeitsindustrie, Produktion und Konsum) setzt, so werden die Teilchen immer frenetischer umherschießen und dabei aneinander stoßen. Übrigens hat das Ganze Grenzen. Das wissen wir von unserem Küchendrucktopf, der uns, hätte er nicht ein entsprechendes Ventil, sonst schon mal um die Ohren fliegen könnte. Dass also Druck und Anheizen zu Bewegung und einer erhöhten Berührungsintensität führt, ist sehr wohl ein Naturgesetz. Insofern ist es nur schlüssig, dass globale Mobilität boomt und diese Mobilität in einem unübersichtlichen Geflecht aus sozialen Bindungen und Konnektiven mündet.

Nun müssen wir uns Folgendes vor Augen halten: Wir sind Säugetiere, weich und verhältnismäßig schutzlos. Wir sind transnational, ja sogar transkontinental, verbreitet, so wie die Ameisen. Wir sind hoch sozial, das heißt wir leben ständig in Berührung und Umgebung mit anderen Menschen. Wir brauchen Kontakt und wir können diesem Bedürfnis immer leichter nachgeben, weil wir die Tendenz haben, uns im urbanen Raum zu verdichten.

Da wir diesen urbanen Raum mit einem rasanten Tempo und bisher mehr den Bedürfnissen von Verkehr und Wirtschaft und nicht unserer biologischen Natur geschuldet ausbauen und in weiterer Folge auch bevölkern, sind wir gleichzeitig enormem Stress ausgesetzt, was nachweislich unser Immunsystem schwächt. Wir sind als Menschheit ein sehr offenes, aber dadurch auch sehr ungeschütztes System.

An dieser Stelle möchte ich die Virus-Metapher der Öko-Zyniker weiterentwickeln. Wir sind nicht ein Virus, das die Erde befallen hat, wir sind aber sehr wohl der ideale Wirtsorganismus für ein Virus, das sich ungehemmt vermehren will.

Versetzen wir uns doch in die Lage eines Virus. Natürlich spezialisieren wir uns als Virus nicht auf Nashörner oder Pandabären. Denn auch als Virus sind wir Teil der Evolution und wollen uns möglichst flächendeckend fortpflanzen, um den Erhalt unserer Spezies zu sichern.

Wenn wir all das in Betracht ziehen, wird schnell klar, wieso wir mit COVID-19 in vielerlei Hinsicht Glück haben. Wie wir leben, wachsen und interagieren, macht uns zur idealen Angriffsfläche für ein grassierendes Virus. Und obwohl das so ist, hatten wir bisher Glück, hat uns bislang noch kein Virus vernichtet. Ja, COVID-19 ist eine massive Veränderung. Diese Veränderung ist aber nur ein Abklatsch dessen, was uns im schlimmsten Fall tatsächlich hätte heimsuchen können.

Das spezifische Erfolgskonzept von COVID-19 lässt sich aber nur erklären, wenn wir über die Betrachtung der Natur des Menschen, seine Hardware, hinaus auch die Software, also die spezifische Lebensart der Industrienationen, miteinbeziehen. Wir hatten schon viele andere Erreger, eigentlich viel größere Seuchen-Stars als COVID-19. Ich denke da zum Beispiel an das Ebola-Virus oder an das Bakterium Yersinia pestis, besser bekannt als die »schwarze Pest«. Wenn wir es bei COVID-19 mit einem Krankheitserreger zu tun hätten, der bei gleichem Ansteckungsmodus eine hohe Letalität aufweist und uns heute in unserer unendlichen globalen Vernetzung getroffen hätte, stünden wir vor der Ausrottung. Daran würde auch ein totaler Shutdown inklusive Grenzschließungen, Ausgangssperren und Versammlungsverboten nichts ändern. Das Virus hätte einfach die Nase vorn.

Was wir heute als Hysterie oder gar Panik empfinden, wäre in so einem Szenario ein Sturm im Wasserglas. COVID-19 ist im Familienverbund der Viren nichts weiter als ein Halbstarker, der gerade ordentlich aufmuckt und die Überforderung seines Umfeldes gnadenlos ausnutzt.

Es ist unserer Lebensweise, unserer zivilisatorischen Software, zuzuschreiben, dass so ein vergleichsweise unausgegorenes Virus eine derartige Durchschlagskraft entfalten kann.

Teil dieser zivilisatorischen Software ist das bereits angeführte psychologische Prinzip der Angst, das überall dort anspringt, wo wir unser tiefstes Basisbedürfnis nach Sicherheit gefährdet sehen und von dem, das müssen wir ganz wertfrei festhalten, wir auch enorm viel profitieren können. Solange nicht die totale Auslöschung unserer Spezies droht, bedeutet in unserer zivilisatorischen Software drohender Untergang gleichzeitig auch die Chance zu Aufschwung. Zahlreiche Historiker vermögen schlüssig darzulegen, dass die Renaissance auf dem Boden der schrecklichen, fast ein Drittel der Bevölkerung dezimierenden Pestwellen heranwuchs. Diese Perversion gibt es nur beim radikal sozialen Wesen Mensch, das im Angesicht seiner Auslöschung unheimliche soziale Kräfte für eine Mobilisierung gemeinsamer Weiterentwicklung zu entfesseln vermag.

Jetzt gerade stecken wir in der Krise und Krisenzeit bedeutet, dass alles auf Messers Schneide steht. Auf Messers Schneide bedeutet wiederum, dass es höchste Zeit für ein Update unserer zivilisatorischen Software ist. Ist das Update gelungen, funktioniert das System nachher nicht genauso gut wie vorher. Es funktioniert besser, schneller, sicherer. Das muss das Ziel sein. Die Alternative ist ein veritabler Systemabsturz.

Es gibt eine richtig gute Nachricht. Das psychologische Prinzip Angst, um unsere Sicherheit und in diesem Fall sogar um unsere Gesundheit und damit im wahrsten Sinn, als hautnah zu bezeichnen, spielt unserem Software-Update in die Hände. Überall lesen wir, dass nichts mehr so sein wird wie vor COVID-19. Ja, es gibt tatsächlich das pathetisch aufgeladene Moment, dass wir unsere Existenz in ein Davor und ein Danach aufspalten. Unsere Wahrnehmung wird mit der Botschaft bombardiert, dass wir hier mit etwas Historischem konfrontiert sind. Dadurch besteht aber auch die reelle Chance, dass COVID-19 mit allen Fehlentwicklungen, Programm- und Systemfehlern unserer Zivilisation und ihres Denkens aufräumt, ohne uns auszulöschen. Es schenkt uns dadurch die Chance, unsere Gesellschaft neu zu denken. An dieser Stelle werden unsere Handlungsoptionen ganz konkret.

Möglichkeit eins. Wir folgen Bill Gates' linearer Logik, klammern uns an das Bisherige und versuchen es mit noch mehr Druck, noch mehr Härte, noch mehr Koordination und noch mehr Konsum wieder in die alten Bahnen zu lenken, ganz nach dem Motto der österreichischen Bundesregierung »koste es, was es wolle«. Dabei gehen wir sentimental durch ein Tal der Tränen, blicken auf die gute alte Zeit zurück und strengen uns furchtbar an, dass wir diesen Zustand wieder herstellen.

Möglichkeit zwei. Wir wagen den disruptiv-ideologischen Ansatz und misten radikal aus, ganz so, wie es uns der Bedeutungskern von »Krise« vorgibt. Bei diesem Ausmisten müssen wir uns ganz bewusst von früheren Prozessen der Bewusstseinsbildung lösen. Es geht nicht darum, dass »die da oben« nun endlich Gesetze machen, die alles regeln, damit es uns bei möglichst geringem Kraftaufwand möglichst gut geht. Ich rede also nicht vom Ausmisten der Bürokratie, vom Ausmisten der Strukturen, vom Ausmisten der politischen Entscheider. Der disruptiv-ideologische Ansatz in Zeiten von COVID-19 ist in erster Linie ein Appell an die Generationen.

Die Älteren müssen ihr Mehr an Lebenserfahrung und ihre historische Krisenerfahrung dahingehend einbringen, dass sie uns erzählen, welche Dinge sich ganz pragmatisch über einen längeren Zeitraum bewährt haben und welche verzichtbar sind. Gleichzeitig heißt es für die Älteren, loszulassen. Loszulassen in Bezug auf materialistische Wertvorstellungen, Lebenskonzepte und dem sich daraus ableitenden alten moralischen Koordinatensystem.

Die Jungen haben wiederum die Dynamik und Furchtlosigkeit, sich ohne Vorbehalte auf Neues einzulassen. Nicht umsonst spricht die junge Start-up-Kultur ehrfurchtsvoll von so genannten »Game Changers«, die sie in den entsprechenden Communities abfeiert und mit Kapital ausstattet. Vielfach war bisher allerdings in dieser euphorischen Aufbruchsstimmung die Fähigkeit, die Bedeutung von Entscheidungen langfristig abzuschätzen, noch nicht befriedigend ausgebildet.

Wir sehen, dass sich hier ein enormes Potential der wechselseitigen Ergänzung auftut. Möglichkeit zwei beinhaltet also einen intergenerativen Umdenkprozess. Er fördert das Zusammenwirken der Generationen und damit einen Masterplan, in dem alle Generationen eine Stimme haben. Eben weil die COVID-19-Maßnahmen massiv auf einem Solidaritätseffekt aufbauen, in dem die Jungen die Alten nicht anstecken sollen, ist die Pandemie ein wichtiger Testlauf für die Zukunft.

Nicht »die« sind verantwortlich, wir selbst sind es

Was hat zur Krise beigetragen?
Wer war verantwortlich?
Wie klären wir die Schuldfrage?

COVID-19 ist auch eine Chance, diese anachronistische Form von Ursachenforschung endlich zu überwinden. Viel sinnvoller ist es, die wesentlichen Bestandteile unserer Wohlstandsgesellschaft zu lokalisieren und auf ihre Sinnhaftigkeit abzuklopfen. Schnell kommen wir da zu Themen wie Geschwindigkeit, soziale Netzwerke, Mobilität, Technologie und Globalisierung. Grundsätzlich sind das alles tolle Dinge, die wir keinesfalls abschaffen sollten. Es lohnt sich aber, das exakte Wie zu hinterfragen.

Wie setzen wir unsere Möglichkeiten sinnstiftend ein?

Wie bringen wir sinnvolle Regulierungsmaßnahmen auf den Weg?

Wie finden wir einen Weg, sinnvolle Prioritäten zu setzen?

Wie schaffen wir einen sinnvollen Ausgleich zwischen dem wirklich Notwendigen und purem Überfluss?

Wir merken: Es geht um das Wie und damit um die gute alte Augustinische Frage nach dem Modus. Es geht um den verantworteten tieferen Sinn unseres Tuns. Nicht jedem Impuls gilt es nachzugeben, nur weil es möglich ist, sondern häufiger und mit Bedacht abzuwägen, um das Gewählte dann auch wirklich zu genießen und nicht nur rasch zu konsumieren.

Das Thema Mobilität ist hierfür ein perfektes Beispiel. Ja, wir haben strukturell und auch ökonomisch die Möglichkeit einer nahezu grenzenlosen Mobilität geschaffen. Nun stellt sich die Frage, wie wir das Potential dieser Möglichkeit sinnvoll ausschöpfen und dabei auch reduzieren.

Ich habe dafür einen ganz pragmatischen Vorschlag. Wir sollten uns in erster Linie dort auf den Weg machen, wo die Eigeninteressen eine Schnittmenge mit dem Gemeinwohl ergeben.

Auch hier liefert die COVID-19-Krise Blaupausen, zum Beispiel im Umgang mit dem Reizthema Auto.

Dank der massiven Reduktion des PKW-Verkehrs sehen wir auf beeindruckende Art und Weise, wie die Reduktion von Schadstoffen praktisch funktioniert. Gleichzeitig erfüllt das Auto die wichtige und durchaus erwünschte Funktion, Familien ein Mindestmaß an frischer Luft ohne unnötiges Ansteckungsrisiko zu ermöglichen. Die ermutigenden Ergebnisse der Schadstoffreduktion zu erhalten, und dabei geht es nicht nur um Individualverkehr sondern auch um industrielle Produktion, muss uns jetzt, da wir mit eigenen Augen gesehen haben, dass es funktioniert, tiefer Ansporn sein, global klimaneutralen Lösungen zu raschem Vormarsch zu verhelfen. Und damit sind wir heute nicht mehr weltfremde Moralapostel.

Das sind Lösungen, die nicht »die da oben« sondern wir alle über unsere gemeinsame »Social Mood« entwickeln und fordern müssen. »Die da oben« müssen sie dann in verbindliche Normen übersetzen und deren Einhaltung überprüfen. Dies gilt für grundsätzliche Themen, in denen unsere Gesamtgesellschaft sich nun klar und entschieden nach Corona zu positionieren hat. Doch es wäre unmöglich, für jedes Detail unseres Zusammenlebens eine Formel der Abwägung festzulegen. Das sind Lösungen, die wir selbst Tag für Tag aus einer kollektiven Selbstverantwortung heraus entwickeln müssen. Diese Selbstverantwortung ist Teil des »Software Updates«, von dem ich vorher gesprochen habe.

Ich höre schon die Kritiker, die so einen gesellschaftlichen Wandel als Utopie einer Seelenklempnerin abtun. Dieselben Leute gehören sicher auch zum Team Bill Gates, das für ein paar organisatorische Anpassungen wie zum Beispiel bessere medizinische Infrastruktur eintritt, aber ganz sicher nicht für einen Systemwandel. Für diese Menschen habe ich ein paar Fakten, über die ich mir regelmäßig mit Experten aus der humanistischen Philosophie, aus der Psychiatrie und der Psychotherapie den Kopf zerbreche.

38 Prozent der europäischen Bevölkerung leiden irgendwann in ihrem Leben an einer psychischen Erkrankung, die klinisch relevant ist. Persönliches Unglück und der Bedarf an Psychopharmaka gehören also in einer der reichsten Regionen der Erde zum medizinischen und menschlichen Alltag. Machen wir uns nichts vor, die Glücksversprechungen des materiellen Wohlstands haben sich hier definitiv nicht eingelöst. Doch es kommt noch schlimmer. Das Wiener AKH hat 2017 eine Studie gemacht, die sich mit der seelischen Gesundheit von Kindern und Jugendlichen befasst. 24 Prozent der Altersgruppe zwischen 10 und

18 Jahren sagen, dass sie sich psychisch krank fühlen. Diese Heranwachsenden ritzen sich, fühlen sich zu dick oder sind magersüchtig, weil sie dank destruktiver Formate wie *Germanys next Topmodel* und ein paar weiterer Faktoren eine Körperbildstörung haben. Sie sind depressiv, sozial isoliert oder haben eine der modernen Verhaltenssüchte wie Internetsucht oder Online-Spielsucht. Wir reden hier von jedem vierten Kind beziehungsweise Jugendlichen. Das bedeutet auch, dass wir als Experten ständig für eine Aufstockung der Behandlungskapazitäten kämpfen müssen. Wir argumentieren, und da sind wir durchaus systemfolgend, für mehr kinder- und jugendpsychiatrische Betten, für mehr kinderpsychologische Ressourcen, für mehr Kassenplätze in der Psychotherapie. Und dabei stellt sich immer die bange Frage, ob eine Klinik oder eine Praxis der angemessene Entwicklungsort für einen jungen Menschen ist. Wenn die gesellschaftliche Praxis solche Kollateralschäden bei Schutzbedürftigen hervorruft und sich unsere gesundheitspolitischen Planungen um solche Fragen drehen, passt etwas ganz grob in dieser Zivilisation nicht. Wir haben ein Problem. Und wenn wir ein Problem haben, müssen auch wir es lösen. So einfach ist das.

Wandel braucht Klarheit

Manchem wird meine Direktheit sauer aufstoßen. Das ist mir egal. Wir brauchen gerade bei der Betrachtung einer solchen Krise klare Ansagen. Dass das so ist, beweist der Blick zurück. Die inhaltslosen Botschaften der politischen Würdenträger, die politische Korrektheit der Intellektuellen und die mangelnde Streitkultur sind Ausdruck der Profillosigkeit, in der wir gelebt haben. Bloß nicht festlegen, alles möglichst offen halten und am besten irgendeine Regulierungsinstanz von außen ins Spiel bringen, die uns durch schwachsinnige Verordnungen die Verantwortung abnimmt, auch wenn sie damit unser freies Leben in die Schranken weist. Politische Profillosigkeit, Wehleidigkeit und Feigheit treffen auf einen rasanten Vertrauensverlust gegenüber etablierten politischen und wirtschaftlichen Strukturen. Eine toxische Kombination, in der gesellschaftliche – und ich sage hier bewusst »gesellschaftliche« und nicht »biologische« – Phänomene wie COVID-19 blühen und gedeihen.

Seit Jahren höre ich zu, wie eine beängstigende Anzahl an Menschen über »die da oben« schimpft und lieber das schöne Wetter bei einem Ausflug genießt, als wählen zu gehen. Gleichzeitig ist in diesem sozialen Biotop »Menschheit« mancherorts das Aufflackern einer autoritären Retro-Bewegung mit diesem Ruf nach einem starken Mann zu beobachten. Der Totalitarismus hat, Sensible spüren bereits das Aufstellen der Nackenhaare, sich bereits ein Stück weit konsolidiert.

Wir müssen uns nur vor Augen führen, wie sich in den vergangenen zehn Jahren die Türkei, Russland oder unser Nachbarland Ungarn verändert haben. Die Bürgerrechte werden beschnitten, das demokratische System ausgehöhlt und die Presse demontiert. Protest, der auf einem breiten zivilgesellschaftlichen Konsens beruht? Fehlanzeige! Für eine »starke Führung« gibt es Zuspruch, auch wenn dafür sämtliche Bürgerrechte, die sich Europa seit 1848 mühselig erkämpft hat, flöten gehen.

Warum schreibe ich das hier?

Weil sich die Frage stellt, wie eine derart lasche und unmündige Gesellschaft mit einer Krise wie COVID-19 vernünftig umgehen soll.

Wir haben unseren gesunden Menschenverstand an der Pforte zu den politischen Institutionen abgegeben und sind deshalb nicht in der Lage, eigenverantwortlich mit so einem Thema umzugehen. Wir können uns auch nicht von Stimmen der Vernunft leiten lassen oder jenen Instanzen vertrauen, die uns sagen möchten, wer vernünftig ist und wer nicht, denn der Chor hysterischer Populisten und Eigeninteressen verfolgender Blender ist in den letzten Jahren sehr laut geworden.

Die EU ist in dieser Situation auch keine Hilfe. Sie wühlt in ihren tausenden Verordnungen, nur um am Ende zu erkennen, dass sie leider bloß die Illusion einer persönlichen Gestaltungsfreiheit erschaffen hat. Dahinter steht ein neurotisches Verwaltungssystem mit null Verantwortung für den einzelnen Bürger.

Hier verbirgt sich eine weitere Chance der COVID-19-Krise. Der Mythos, dass uns ein übergeordneter Apparat mit abstrakten Regeln rettet, ist Geschichte. Stattdessen wäre ein Apparat, der organisatorisch global koordiniert und dem die exekutive Kraft dazu verliehen wird, bereits für COVID-19 sehr sinnvoll gewesen. Unsere gesellschaftlichen Handlungsleitfäden jedoch finden wir ganz pragmatisch mitten in unserer Gesellschaft. Das Prinzip der »Helden des Alltags« ist zwar etwas pathetisch, aber rein sozialpsychologisch betrachtet äußerst hilfreich.

Es zeigt uns die wahren Hoffnungsträger der Zukunft, die unter uns leben und deshalb in ihren Einstellungen und Lösungsansätzen greifbar sind. Ich habe schon etwas weiter vorne das Beispiel des Behindertenbetreuers Walter Weiss gebracht. Dieser Mann, den ich lediglich aus der ORF-Sendung *Zeit im Bild* kenne und der in seinem Auftreten nicht gerade wie ein Superheld wirkt, bleibt trotz Krise bei den ihm anvertrauten Menschen, die allesamt in einer WG für behinderte Menschen leben. Er weiß, dass einige von ihnen COVID-19 haben und er sich trotz aller Sicherheitsmaßnahmen anstecken könnte. Aber er lässt seine sozialpädagogische Wohngemeinschaft trotzdem nicht im Stich. Hier ist sein Platz, den er als aufrichtiger Mensch auch nicht räumen will.

Als Zuschauer verstehen und spüren wir, was diesen Mann antreibt. Und was noch viel wichtiger ist, mit seinem geerdeten Pragmatismus macht uns der Behindertenbetreuer Walter Weiss klar, dass es nicht um Fatalismus in einem Ebola-Krisenherd sondern um Standhaftigkeit und Engagement im Angesicht eines Virus ging, der in den allermeisten Fällen glimpflich verläuft.

Walter Weiss und das medizinische Personal in den Spitälern und die Kassenkräfte in den Supermärkten und die Postmitarbeiter: Sie alle berühren uns und zeigen uns, dass mehr in den Menschen steckt, als wir es vielleicht vor COVID-19 angenommen haben. Zum allseits gefürchteten und attestierten Egoismus gesellt sich nun ein sichtbarer Altruismus, der unsere Infrastruktur aufrecht erhält.

Dieser Altruismus ist ebenfalls Teil unserer Spezies, auch wenn ihn Vulgärdarwinisten immer wieder abzustreiten versuchen, denn er sichert evolutionsbiologisch das Überleben des großen Ganzen. COVID-19 führt uns das eindrucksvoll vor Augen. Einige könnten zu Tode kommen, weil sie auch in der Krise im Sinne des Gemeinwohls handeln. Und sie tun es trotzdem. Daran sollte sich unsere Gesellschaft in der Zeit danach aufrichten.

Es ist übrigens kein Zufall, dass die Hochhaltung des Prinzips Altruismus besonders gut anhand bestimmter Berufsgruppen zu erkennen ist. Altruismus funktioniert dann effektiv, wenn er erkennbarer Teil eines kollektiven Wertebewusstseins ist. Das macht sich zum Beispiel der Berufsstand der Ärzte zunutze. Mit dem Schwur auf den hippokratischen Eid wurde bewusst ein großer, tiefschürfender Moment geschaffen. Am Ende einer langen Ausbildung mit viel harter Lernarbeit sind wir nicht nur Teil einer akademischen Elite. Wir gehören zu einer Gruppe, die eine besondere Verantwortung trägt und immer, also auch außerhalb des Dienstplans, das Beste für ihre Patienten tun muss. Diese Verantwortung wird mit dem hippokratischen Eid feierlich installiert. Im Idealfall könnte COVID-19 auch so ein Installationsprogramm sein, das uns als Gesamtgesellschaft zu einer neuen altruistischen Dimension verhilft.

Wir müssen wachsam sein. Auch das gehört zur Klarheit, die der Wandel braucht. Zur profitablen Krisenindustrie gehören Gesundheits- und Pharmaunternehmen, Medienunternehmen, IT-Unternehmen und selbstverständlich auch der Finanzsektor mit aggressiven Akteuren wie zum Beispiel Hedgefonds. Diese müssen wir im Auge behalten und uns überlegen, ob es gerechtfertigt ist, an einer die Menschheit erfassenden und viele einzelne Menschen in existenzielle Armut stürzenden Situation alleine nach marktwirtschaftlichen Spielregeln zu verdienen. Hier könnte ein offenlegender Diskurs sehr wesentlich werden.

Wenn die Verteilung des Reichtums auf der Welt im Jahr 2019 bereits so aussah, dass 0,9 Prozent der Weltbevölkerung 43,9 Prozent des Gesamtvermögens besaßen, während 56,6 Prozent aller Menschen gemeinsam nur 1,8 Prozent aller Vermögenswerte zusammenlegen konnten, so stimmte das schon vor COVID-19 sehr nachdenklich. Übersetzt heißt das soviel wie, dass gerade mal einem Jungen oder Mädchen von der Sorte »Mamas Liebling« fast die halbe Geburtstagstorte samt Punschglasur gehört, während sich mehr als die Hälfte aller Kinder, die zur Party gekommen sind, um ein paar Krümel eines hauchdünnen Schnittchens des Kuchens zanken dürfen. Ein echt mieser Kindergeburtstag, würde ich sagen. Das darf nach COVID-19 nicht noch schlimmer sein. Und es geht dabei nicht nur um zehntausende indische Wanderarbeiter, die mit blanker fassungsloser Verzweiflung im Gesicht und ihren Kleinkindern am Arm versuchen, sich in ihre weit entfernten Dörfer als namenloser Kollateralschaden durchzuschlagen. Krisengewinner dürfen also diesmal nicht eine Handvoll von Konzernen und die hinter ihnen stehenden Shareholder der Superreichen sein, denen es noch dazu magisch gelingt, sich ihrer Steuern zu entledigen. Hier muss mit neuer Dringlichkeit und einer aus erlebter Solidarität erwachsenen Empörung jenes Jengaholz herausgezogen werden, das die rein gewinnorientierte Konstruktion der Konzerne ins Wanken bringt.

Und auch die Rolle des Staats ist zentraler Bestandteil der Krisenindustrie und zu reflektieren. Eines Staats, der plötzlich Geld, und zwar unser Geld, verschenkt. Nach welchen Gesichtspunkten läuft hier alles, wie sehen die Konzepte einer Rückfinanzierung aus, welche Gruppen und starken Lobbys reden hier mit?

Das Chaos schafft
eine neue Ordnung

Dass wir akut den Globus retten müssen, habe ich schon vor COVID-19 gehört. Immer wenn unsere Zivilisation von einer weltumspannenden Krise erschüttert wird, beginnen Menschen innerlich, die Zeit in ein »Vorher« und ein »Nachher« zu unterteilen. Das ist ein gängiges Prinzip bei kollektiven Ereignissen. So reagiert der Mensch eben, um sein Bedürfnis nach Orientierung und Einordnung zu befriedigen. Andernfalls fühlt er sich verloren und das Verlorensein in der Welt ist unaushaltbar, gleichzusetzen mit einer existenziellen Krise. Auch hier dient COVID-19 als Paradebeispiel zur besseren Veranschaulichung.

Wenn wir uns die Interviews mit Ärzten und Pflegepersonal aus Norditalien anhören merken wir, dass es weniger der medizinische Kampf gegen das Virus ist, der diese Menschen in ihren Grundfesten erschüttert. Das Allerschlimmste ist für diese Leute die Unvorhersehbarkeit der Entwicklungen und die Unkontrollierbarkeit der Verläufe, also der Mangel an Orientierung. Das Bedürfnis nach Orientierung ist so stark, dass Menschen immer nach einem Bezugspunkt suchen und dessen Fehlen, getreu dem alten Satz »gib mir einen festen Punkt, so hebe ich dir die Welt aus den Angeln« als unerträglich einschätzen.

COVID-19 hat die Potenz, für die jetzigen Generationen zu so einem Bezugspunkt zu werden. Das Virus teilt unsere Existenz in eine Zeit davor und eine Zeit danach. Es markiert einen Wendepunkt, an dem ein gewisser Prozentsatz der Menschen verzweifelt, sodass eine komplette Neuorientierung unumgänglich ist. Entscheidend für unser Lebensgefühl wird sein, ob wir diese Neuorientierung als notwendiges Übel oder als herausragende Chance betrachten.

Hierfür lohnt sich der Austausch mit vorangegangenen Generationen. Dort, wo dieser Austausch nicht mehr möglich ist, hilft auch die Erinnerung an Gespräche und Situationen.

Mein Großvater zum Beispiel ist zwar längst tot, aber sein Umgang mit dem Thema Veränderung inspiriert mich bis heute. Als Kind war es für ihn ob der monarchistischen Erziehung unvorstellbar gewesen, ohne das Machtwort eines Kaisers zu leben. Für ihn war es wegen des allgegenwärtigen Katholizismus' sogar unvorstellbar, dass dieser Kaiser nicht von Gottes Gnaden regierte. Der erste Weltkrieg war der entscheidende Wende- und Bezugspunkt für ihn und viele andere. Die Welt in ein klares Davor und Danach einzuteilen, hat ihm zunächst bei der Orientierung und später bei der vorbehaltlosen Ausgestaltung seines Lebens unter den neuen Gegebenheiten geholfen. »Unterm Kaiser war's eben so, und dann war's eben anders«, sagte er mit dem ihm zu eigenen Pragmatismus, der keine Sentimentalität kannte.

So ähnlich war es bei meinem Vater mit dem Zweiten Weltkrieg. Neben der Erfahrung einer kollektiven Entmenschlichung musste mein Vater auch den Abschied von seiner Musikerlaufbahn verdauen, die er angestrebt hatte. Er wurde eingezogen, kam in Gefangenschaft und verlor sein absolutes Gehör. Anhand seiner Erfahrungen konnte ich neben der Teilung in ein »Davor« und »Danach« besonders gut das Ringen mit den Ängsten beobachten, die eine Umstellung und Annahme eines »Danach« vor allem dann begleiten, wenn das »Danach« mit einem Gefühl subjektiven Verlusts einhergeht. Und wie gut es tut, diese Ängste zu überwinden und sein Leben neu zu gestalten, was meinem Vater schließlich dann auch gelang.

COVID-19 kam so plötzlich, dass es auch mir zunächst einmal Angst gemacht hat. Danach kam sehr schnell das Bedürfnis, die Situation meiner eigenen lebensbejahenden Deutung zu unterwerfen. Der Respekt vor dem Schicksal jener, die COVID-19 nicht überlebt haben oder nicht überleben werden verbietet es mir, das Virus als etwas Positives zu betrachten. Gleichzeitig möchte ich auf keinen Fall die Möglichkeit verstreichen lassen, das Danach als gigantische Chance zu sehen.

Interessanterweise habe ich in früheren Texten darüber spekuliert, dass eine große gesellschaftliche Zäsur kommen könnte. Ich habe mit einem Zeithorizont von zehn bis fünfzehn Jahren gerechnet und wenn ich ehrlich bin habe ich gehofft, diese Phase der Veränderung noch in voller Kraft und Beteiligung miterleben zu dürfen. Vielleicht liegt es auch daran, dass ich jetzt, wo die Krise über Nacht da ist, meinen Beitrag leisten will. In Form von Denkanstößen und Perspektivenwechsel, um Ordnung in das »Danach« zu bringen. Damit diese Ordnung nicht nur ein notdürftiges Provisorium, sondern ein tragfähiges Fundament wird, sind für mich folgende Punkte entscheidend.

Erstens. Wir müssen konsequent in uns gehen. Wenn ich über neue Werte spreche, spreche ich nicht von einem vorgefertigten Wertekanon, der nur darauf wartet, über unsere Zivilisation gestülpt zu werden. Neue

Werte, die Bestand haben, beginnen in jedem einzelnen von uns. Unabhängig von sozialem Status, Herkunft oder Religion. Deshalb sollte sich jeder fragen:

Was ist mir selbst tatsächlich wichtig?
Worin sehe ich einen tieferen Sinn?
Was macht mich eigentlich wirklich glücklich?

Diese Fragen haben nichts mit Egoismus zu tun. Sie helfen uns, gefestigt in die bevorstehende Wertedebatte zu gehen.

Zweitens. Wir müssen einen neuen Gemeinschaftssinn entwickeln. Es muss sich bis in jede Vorstandsetage, bis in jedes Parteigremium, bis in alle Bildungseinrichtungen und bis in die entferntesten Ecken unseres sozialen Lebens herumsprechen, dass Gemeinschaft keine sozialromantische Option, sondern eine alternativlose Überlebensstrategie ist.

Gemeinschaft nützt uns, weil sie Denkprozesse in relevante Lösungen überführt. Sie nützt uns, weil es keine individuelle Perfektion gibt und ich stets andere brauche, um Schwachstellen zu kompensieren. Sie nützt uns außerdem auf biologischer Ebene, indem sie neurochemische Prozesse in Gang setzt, die uns glücklicher, erfolgreicher und fantasievoller machen.

Drittens. Wir müssen uns auf die Ideen des Humanismus zurückbesinnen. Der Humanismus ist für mich jene Denkschule, die unabhängig von Religion und Herkunft die beste Grundvoraussetzung für ein erfüllendes Miteinander ist. Er stellt schlicht und ergreifend die Würde des Menschen und das Streben nach Menschlichkeit in den Mittelpunkt. Solche konfessionslosen Überbauten sind wichtiger denn je. Die Bemühungen um einen interreligiösen Dialog sind zu langsam und kompliziert, scheinen häufig an einem toten Punkt angelangt. Im Nahen Osten schlagen sich die unterschiedlichen Strömungen des Islam gegenseitig die Köpfe ein und kommen nur dann ins Gespräch, wenn es darum geht, Juden und Zionisten in Israel die Köpfe einzuschlagen. Die orthodoxen Juden provozieren wiederum im Westjordanland und die Christen ringen vergeblich um eine glaubwürdige Ökumene. Teilkirchen wie die Katholiken zerschellen an der lächerlichen Frage, ob ein Priester in einer Beziehung leben darf oder nicht. Lassen wir die Religionen doch auf ihren diversen Schlachtfeldern zurück und wenden wir uns auch bei den kleinen Alltagsfra-

gen dem Humanismus zu. Stellen wir uns in allen Be-
reichen – in der Wirtschaft, im Bildungswesen, in der
Politik, im Gesundheitswesen, in der Verwaltung – vor
jeder Entscheidung folgende Frage: Ist das, was ich
vorhabe zu tun, der Würde des Menschen zuträglich.
Je öfter wir mit »Ja« antworten, desto besser stehen die
Chancen, dass aus dem Chaos eine neue, lebenswerte
Ordnung hervorgeht.

Eine Dystopie als wirksame Abschreckung

Wenn wir allerdings dem Weckruf nicht folgen, wenn wir im Wandel nicht Klarheit schaffen und aus dem Chaos nicht eine neue Ordnung hervortreten lassen, uns der Veränderung nicht stellen wollen, wenn wir also den Weg der Selbstermächtigung und Eigenverantwortung nicht gehen, dann werden jene …

… die ängstlich sind …
… die nicht bereit sind, sich zu hinterfragen …
… die nicht gewillt sind, neue Herausforderungen anzunehmen …

… ihr Heil im »Weiter wie bisher« suchen und davon ausgehen, dass die blöde COVID-19-Seuche eine kleine Störvariable war oder ist, die wir mit dem berühmten »Flatten the Curve« in den Griff bekommen.

Das ist eine desaströse Fehleinschätzung. Das wäre lineares Denken. Das ist das systemfolgende Denken, in dem alles möglichst so bleiben soll, wie es ist. Das geht sich wirtschaftlich vielleicht gerade noch für COVID-19 aus, ist aber keine Prophylaxe für nachkommende Verwandte. Vielleicht schon im nächsten Herbst.

Lineares Denken würde in diesem Fall auch bedeuten, Wirtschaft, Konsum und Mobilität wieder auf Teufel komm raus anzuheizen. Die Heilslehre lautet dann: »Konsumiere jetzt. Denn wer weiß, ob es morgen noch möglich ist.«

Wenn das die Konsequenz aus unserem Erleben von COVID-19 ist, dann steuern wir auf einen noch viel destruktiveren Wahnsinn zu. Dann erleben wir nämlich den Siegeszug des Homo sapiens bestialis, des »tierischen Menschen«, der das Recht des Stärkeren über das Gemeinwohl stellt.

Dieser Menschentypus ist gleichzeitig ein sehr ängstliches Wesen, das sein Wachstums-Heil gerne in einem starken Anführer sucht. Der Anführer des Homo sapiens bestialis leitet aus den COVID-19-Erfahrungen linear folgerichtig ab, dass wir alles kontrollieren müssen. Natürlich auch uns selbst, weil wir leider füreinander gefährlich sind. Und zwar habituell und nicht nur, wenn wir mit geladener Waffe am Bankschalter eine größere Abhebung machen wollen. Die Jahre vor COVID-19 dienen dabei als wichtige Inspirationsquelle. Es war das Zeitalter, in dem alles steril, normiert und eingeschweißt unter die

Leute gebracht wurde. Ein Zeitalter, in dem die Leute für zu blöd erklärt wurden, ihren Kopfsalat selbst von Erdresten zu befreien und die Gemüseindustrie deshalb dazu übergegangen ist, den Salat zu ernten, mit viel Wasser zu waschen, zu zerkleinern, auf den Gramm genau zu portionieren und in einer antiseptischen Umgebung in Plastikfolie einzupacken. Und die wirklich guten Marken haben dazu dann auch noch gleich die passende Marinade gepackt und auf dem Beipackzettel für Konsumenten beschrieben, wie das Ganze jetzt zu schmecken hat. Alles natürlich ganz im Sinne und zum Schutz des Konsumenten und seiner Verbraucherrechte.

In den Jahren vor COVID-19 haben die relevanten Entscheider auch die Vorzüge von Big Data kennen und schätzen gelernt und das Preisgeben von Daten zur allgemeinen Kulturpraxis erhoben. In der Zeit während der COVID-19-Pandemie haben sie Big Data so richtig ausgerollt, weil die Menschen endlich gewillt waren, sich mit ihren Daten vollends und freiwillig in automatisierte Kontrollsysteme zu begeben.

Die Kontrollsysteme mussten gar nicht mehr verheimlichen, dass sie als solche konzipiert wurden. Verweigerung hätte nach der Phase des Social Distancing ohnehin nur eine Welle des Social Shaming nach sich gezogen.

Nach COVID-19 stellen die Anführer des Homo sapiens bestialis fest, dass die Menschen gerne weitere Restriktionen in Kauf nehmen, wenn man ihnen nur verspricht, dass damit alles noch sicherer und kontrollierter wird. Es könnte doch klug sein, jedem einen Chip einzupflanzen, der all unsere Bewegungen aufzeichnet. Wenn unsere Körpertemperatur steigt und wir erste Anzeichen einer Infektion zeigen, gelten wir als gefährlich. Unser Bewegungsprofil rekonstruiert alle sozialen Kontakte und gibt der Community Bescheid. Praktischerweise kann der Chip auch sämtliche biometrische Daten zentral verarbeiten.

Das alles ist natürlich eine Serviceoffensive, der Auftakt zu einem goldenen Zeitalter, in dem Ansteckungsrisiken minimiert werden. Aber es kommt noch besser. Der Chip dient auch der Früherkennung von Krankheiten und weil wir schon mal dabei sind, registriert er auch, wie viel Salami und Schnitzel wir futtern. Übermäßigen Konsum müsste uns das System natürlich liebevoll austreiben, indem der Algorithmus im Rahmen einer gestaffelten Beitragsstruktur höhere Zahlungen an die Sozialversicherung vormerkt. Sollte sich dank des Chips herausstellen, dass ein Mensch insgesamt ein wenig renitent in Bezug auf sozial erwünschtes Verhalten ist, gibt es viele gut gemeinte Aufrufe und Informationsschreiben, um Überzeugungsarbeit zu leisten.

Die Tür zur Gemeinschaft der gut Kontrollierten, die gleichzeitig auch die Vernünftigen sind, steht immer offen. Geht jemand nicht durch diese Tür, könnten sich folgerichtig andere Türen schließen. Zum Beispiel die Tür zu anderen Ländern, die Einreisebeschränkungen für jene einführen, die das engmaschige Kontrollnetz sabotieren. Schließlich geht es darum, die Einschleppung von irgendwelchen Krankheiten durch Unbelehrbare zu verhindern. Die Abnahme des Passes ist da wirklich nur das allerletzte Mittel, versprochen. Zum Beispiel wenn eine Person drei Mal nicht auf die gut gemeinten Anschreiben einer neu gegründeten Zivilschutzbehörde reagiert. Aber was ist mit Menschen zu tun, die bei den gut gemeinten Präventionsmaßnahmen der Homo-sapiens-bestialis-Ära partout nicht mitmachen wollen? Umsiedeln vielleicht. Enklaven bilden.

Das ist meine Dystopie. Mein Entwurf einer Welt, die von der Vernunft-Panik, die gleich einmal aus lauter Vorsicht die Hütte überflutet, damit sie nicht in Brand geraten kann, regiert wird. In diesem »mind set« wird der Mensch selber zur größten Gefahr für sich selbst erklärt und mit engstirniger Ängstlichkeit der Weg der Verschmelzung mit der Maschine beschritten, das Heil im großen Vater »Algorithmus« gesucht. Auch wenn all dies überzogen klingt, so machen sich dennoch zahlreiche Denker und Philosophen wie zum Beispiel Yuval Harari im Zusammenhang mit COVID-19 entsprechende Gedanken. Angesichts solcher Perspektiven sollten wir vielleicht doch lieber mutig und mit neuer Dringlichkeit des Anliegens eine humanistische Werterevolution für die Zeit nach COVID-19 in Erwägung ziehen.

Alles wird gut, aber nur mit den richtigen Ideen

Das Schöne ist, dass wir gerade in Krisenzeiten unseren Fokus auf Menschen richten, die wir ohne weiteres als Hoffnungsträger bezeichnen können. Diese Menschen arbeiten nicht erst seit COVID-19 an neuen Ideen und Lebenskonzepten. Sie haben meistens schon viel früher ein Radar für grundlegenden Änderungsbedarf entwickelt und sind nun die wohlverdienten Vorreiter in einem kriselnden System. In so einer Betrachtung führt kein Weg an einer Umweltbewegung wie *Fridays for Future* vorbei, in deren Sog auch in die Jahre gekommene NGOs wie *Greenpeace* wieder Gehör finden. Das führt auch dazu, dass autoritäre Staatenlenker wie der brasilianische Präsident Jair Bolsonaro am internationalen Pranger stehen, wenn sie Brandrodungen für dubiose Agrar- und Viehzuchtkonzerne dulden.

Was aber neben der Kraft der symbolischen Politik noch viel wichtiger ist: Junge Visionäre wie der Niederländer Boyan Slat finden mit scheinbar verrückten Ideen Gehör. Boyan Slat ist es gelungen, mit seinem Start-up *Ocean Cleanup* 30 Millionen US-Dollar einzusammeln, um die Weltmeere mit einer von ihm erfundenen Konstruktion von Plastikmüll zu befreien. In Graz hat sich rund um den jungen Visionär Wolfgang Deutschmann die Plattform *Green Rocket* entwickelt, die sich auf Crowdinvesting für nachhaltige Unternehmen in den Bereichen Energie, Umwelt, Mobilität und Gesundheit spezialisiert hat. Es sind keine Heuschrecken-Fonds, sondern Menschen wie Sie und ich, die dort mit kleinen Beträgen zu Investoren werden.

Wer sich auf der Plattform umsieht, bekommt eine Ahnung davon, was für eine großartige Zeitenwende uns bevorstehen könnte. Viele der Ideen auf *Green Rocket* sind für die COVID-19-Krise selbst, aber auch für die Zeit danach, von Relevanz. So wurde zum Beispiel das Projekt *Zeitpolster* finanziert, das so genannte »Zeitvorsorgemodelle« anbietet. Wer jemanden betreut, erhält dafür eine Zeitgutschrift und kann diese auch Jahre später im Rahmen von Betreuungsleistungen einlösen. Das österreichische Unternehmen *Im Polymer* hat bei *Green Rocket* Kapital für die Produktion von CO_2-effizienten Biokunststoff-Lösungen eingesammelt. Einer der ersten Investoren war Johannes Gutmann, der mit seiner Marke *Sonnentor* zu den glaubwürdigsten Bio-Pionieren am Lebensmittelmarkt zählt. Mit *Scarletred* ist im Start-Up-Reigen sogar ein Unternehmen vertreten, das sich unmittelbar in der COVID-19-Krise profiliert hat. Deren Telemedizin-App *eCOVID19* hilft dabei, bestimmte Krankheitssymptome einzuordnen und daraus eine Risikostufe in Bezug auf eine tatsächliche COVID-19-Infektion zu definieren. Die App entlastet die stark frequentierten Hotlines und Beratungstelefone. Sie ist damit ein Sinnbild dafür, wie junge Innovatoren denken, nämlich nicht in einer Überwachungslogik, sondern in einer Selbstermächtigungslogik.

Viele Dinge sind im Entstehen. Dinge, die weit über den Tellerrand des bisher Entwickelten hinausgehen. Die Zeit nach der Krise muss eine Konjunkturphase der neuen unternehmerischen Ideen und Businessmodelle sein. Dabei haben wir die einmalige Chance, auch den Arbeitsalltag neu mitzudenken. Es geht um folgende grundsätzliche Fragen:

Welche Arbeit gehört wie bewertet?

Welche Berufsgruppen nutzen dem Gemeinwohl, welche tun dies eher nicht?

Welche Berufsbilder müssen wir neu entwickeln, weil sie in der Krise schlicht und ergreifend gefehlt haben?

Wie organisieren wir die gerechte Entlohnung von Arbeit?

Wie verändern wir den Ausbildungsbetrieb so, dass wir gemeinwohlrelevante Berufslaufbahnen begünstigen?

Ja – und weil die Umgestaltung unserer Gesellschaft ein prozesshaftes Geschehen ist und wir es auf den ersten Anlauf vielleicht nicht sofort schaffen werden: Wie müssen wir unser Gesundheitssystem verändern, um allenfalls für weitere Pandemien bereit zu sein?

Zusätzlich erfüllt die COVID-19-Krise die Funktion eines großen Labors der zeitgemäßen Arbeitsformen. Wir erleben Bürohengste, die ins Home-Office verbannt werden und stationäre Dienstleister, die plötzlich ins Zustellgeschäft einsteigen. Wir erleben regionale Anbieter, die ihr Geschäftsmodell von einer Woche auf die andere überregional skalieren und Produzenten, die ihr Produkt-Know-how für systemrelevante Güter neu einsetzen. Allerorts wird anhand eines erzwungenen Stresstests die Notwendigkeit des Pendlerverkehrs im digitalen Zeitalter hinterfragt. Gleichzeitig lässt sich endlich klar umreißen, wo der Wert des persönlichen Gesprächs unersetzbar ist.

Wenn wir davon ausgehen, dass COVID-19 ein großes Labor für neue Realitäten in der Arbeitswelt ist, so
müssen wir darauf beharren, die Forschungsergebnis-
se in die Zeit danach mitzunehmen. Das Virus hat uns
zwar die Angst genommen, ins kalte Wasser zu sprin-
gen. Es ließ uns keine andere Wahl. Die Angst, die Ler-
neffekte in unsere alltäglichen Prozesse einzubinden,
müssen wir aber selbst überwinden.

Homo sapiens socialis:
Ein neuer Menschentyp
erobert die Welt

Das Prinzip der Läuterung nach einer schlimmen Erfahrung funktioniert nur bedingt, weil wir in der »heißen Phase« von extremen inneren biochemischen Ausschlägen getrieben sind. Der schockbedingte Adrenalinmodus lässt uns wie ein aufgescheuchtes Huhn durchs Leben rennen. Der Dopaminrausch nach einem überstandenen Krisen-Ereignis wiegt uns in einer euphorischen Siegessicherheit. Mit einer reflektierten Aufarbeitung hat das gar nichts zu tun. Und weil wir vergessen und verdrängen und erschreckende Bilder inklusive der daran gekoppelten Emotionen verblassen, hilft uns die bloße Erfahrung nicht weiter. Im Übrigen hat auch das Prinzip der »historischen Fälschung« Hochkonjunktur nach stark aufwühlenden Ereignissen.

In seinem Sog rücken die großen Märchen der Krise, gemäß dem Leitspruch »nach dem Krieg gibt es viele Helden«, in den Mittelpunkt. Liebesbeziehungen, die in der Quarantäne entstanden sind. Todgeweihte und dann doch noch Geheilte, die das erste

Mal wieder ihren Rettern begegnen. Getrennte Paare, die durch die Herausforderungen der Krise wieder zusammengewachsen sind. Wir müssen uns diese Märchen gönnen, gewährende Milde für unsere so fragile Spezies aufbringen. Sie sind nach einer Zeit der existenziellen Verunsicherung sehr tröstlich und dementsprechend wichtig für die kollektive Seelenhygiene. Mit etwas Abstand müssen wir uns dann aber daran erinnern, dass uns die Gabe zur kritischen Reflexion von anderen Säugetieren unterscheidet. Dementsprechend ist uns dann als wirkliche Kur eine postapokalyptische Aufarbeitungsphase zu verordnen.

Wir sind wie gesagt biologische Konkursfälle. Wir haben weder Fell noch Schutzpanzer, unsere Laufgeschwindigkeit eignet sich für einen kurzen Sprint zur abfahrenden Straßenbahn, aber keinesfalls für eine vernünftige Flucht und wir sind unfähig, ohne entsprechende Hilfsmittel so viel Nahrung bereitzustellen, dass unser täglicher Kalorienbedarf gedeckt wäre. Wir können nicht fliegen, sind äußerst mäßige Hangler, indiskutable Kletterer, als Schwimmer maximal Durchschnitt, als Taucher auf die Gesamtpopulation umgelegt zu vergessen. Wir sind de facto schutzlos und jedem, der vierzig Kilo und etwas Entschlossenheit mitbringt und nicht gerade zu unserer Spezies gehört, unterlegen. Wir können von allem ein bisschen was. Wir können aber nichts wirklich gut. Unser Schicksal ist jenes eines Universaldilettanten. Das stimmt mich hochgradig optimistisch, weil es wie gesagt bedeutet, dass unsere einzige Überlebenschance in unserem sozialen Zusammenhalt liegt. Der griechische Philosoph Aristoteles hat genau das mit seinem »Zoon politikon«, mit seinem Befund vom Mensch als soziales und politisches Wesen, schon sehr früh geahnt.

Neurotransmitter-Forschung und Psychoneuroimmunologie haben in den vergangenen Jahrzehnten die entsprechenden wissenschaftlichen Studien geliefert. Mit der Bewältigung der COVID-19-Krise treten wir nun gemeinsam den Wahrheitsbeweis an, dass der soziale Zusammenhalt das Um und Auf ist.

Wie weit das existenzielle Bedürfnis nach Bindung und Beziehung geht, zeigen uns sogar Untersuchungen aus der postoperativen Wundbehandlung, in denen es um so etwas trivial mechanisches wie Gewebeheilung geht. Menschen, die eine Operation hinter sich gebracht haben und anschließend oft von ihren Liebsten besucht werden, also eine gute Einbettung in ein nährendes Netzwerk von anteilnehmender Bindung und Beziehung haben, weisen im Vergleich zu den Einsamen eine wesentlich bessere Wundheilung mit weniger Infektionen und anderen Komplikationen auf.

Wenn Ehepaare bis ins hohe Alter zusammengelebt haben und ein Ehepartner stirbt, hat das häufig einen dramatischen Abfall der Immunzellen zur Folge, sodass das Immunsystem einknickt. »Du bist ein Teil von mir«, dieser kitschige Satz bekommt hier eine vollkommen neue Bedeutung.

Umgekehrt gibt es seit Menschengedenken Einsamkeit als Instrument der Bestrafung, etwa im Rahmen der Isolationshaft für Gefängnisinsassen, die gegen die Regeln verstoßen. Lange Perioden der Einsamkeit gelten als Folter und so ist es nicht weiter verwunderlich, dass im Altertum die Verbannung gefürchteter war als der Tod. Der Einsamkeit ausgeliefert sein bedeutete auch, auf die eigene Schutzlosigkeit zurückgeworfen zu sein. Nicht selten war das gleichbedeutend mit einem langsamen, qualvollen Tod.

Dass wir notorisch voneinander abhängig sind, macht uns zum Homo sapiens socialis. Indem wir uns diese Erkenntnis wieder stärker vor Augen führen, wird aus einem evolutionären Sachverhalt eine echte Stärke unserer Spezies.

Dass eine realistische Chance auf eine effizientere Nutzung unserer sozialen Ressourcen besteht, erkennen wir am Siegeszug von Solidarität und Mitgefühl in Zeiten der COVID-19-Krise. Die Menschen stellten sich den Wecker, um Punkt 18 Uhr am Fenster die vielen Helden des Alltags zu beklatschen. Kulturschaffende entzogen sich jeglicher neoliberaler Verwertungslogik und boten Musik und Theater auf sozialen Netzwerken und Open-Air-Konzerte auf Balkonen an. In Videobotschaften richteten sich Ärzte an Kollegen in Norditalien, um ihnen Mut zuzusprechen und der Anerkennung für den strapaziösen Kampf gegen COVID-19 Ausdruck zu verleihen. Umgekehrt nehmen sich die von Leid und Massensterben gebeutelten Mediziner in den Krisen-Hotspots Zeit, um ihre Erkenntnisse mit der Welt zu teilen, damit andere Regionen von den Erfahrungen lernen können.

Alle brauchen wir Resonanz, ja gieren sogar danach, weil erst dadurch der Sinn des eigenen Tuns spürbar wird. Da kann narzisstischer Individualismus noch so sehr mit Macht und materiellen Gütern locken, es lässt sich einfach nicht ändern: Der Mensch braucht den Menschen, Resonanz und Angenommen-Werden. Erst so kann er sich selber als Mensch begreifen und zur Lebenszufriedenheit entwickeln. Dieses Wissen um die soziale Wichtigkeit, die wir füreinander haben und den erlebbaren Zusammenhalt, wie wir es jetzt in der Krise von zahlreichen Menschen vorgelebt bekommen haben, müssen wir in die Zeit »nach« der Krise mitnehmen. Vielleicht war es auch das erste Mal, dass wir selber nach vorne gegangen sind und eine Idee gehabt haben, Menschen auf neue Art zusammenzubringen und Mut zu machen; gerade da uns »physical distancing« verordnet wurde, konnten wir feststellen, wie wohl es tut, soziale Nähe zu spüren.

Es gibt noch einen Sonderfall des Homo sapiens socialis. Ich nenne ihn gerne das »Atout« der Evolution. Dieser Sonderfall ist in seiner Biopsychologie so aufgesetzt, dass sein persönliches Motivationssystem besonders stark bei altruistischen Handlungsoptionen anspringt. Das sind dann unsere großen Helden, die wir aus den Medien kennen, weil sie für das Gesamtkollektiv erstaunliche Leistungen erbringen.

Zusammenfassend können wir sagen: Der Homo sapiens socialis ist natürlich keine Leistung von COVID-19, er ist tief in uns angelegt. COVID-19 führt uns lediglich das Potential und die unterschiedlichen Ausprägungen vor Augen. In der Zeit nach der Krise wird es darum gehen, sowohl das Potential als auch die individuellen Ausprägungen zu organisieren und einzubinden.

Die Basis dafür bilden gemeinsame Grundüberzeugungen und verbindliche Werte, auf die sich alle verlassen können. Diese Überzeugungen und Werte haben eine unbewusste Lenkungsfunktion. Indem wir uns auf so einen Kodex verständigen, fassen wir wieder Vertrauen und fühlen uns sogar für Konflikte gewappnet, weil das Verhalten unseres Gegenübers in seinen Grundfesten vorhersehbar ist.

Jenseits aller festgelegten Muster und Rahmenbedingungen deswegen ein dringender Appell: Lasst uns offen und flexibel bleiben. Ein Plädoyer für gemeinsame Überzeugungen und Werte ist ganz sicher kein Appell, eine starre Front gegen jene zu bilden, deren soziale Software aufgrund einer anderen sozialen Prägung abweicht.

Klassische Gründe für Abweichungen können Herkunft, Religion oder sozialer Status sein. In Japan gibt es andere Normen als in Österreich, in Finnland andere Verhaltensmuster als in Marokko. Und dann gibt es da noch komplexe Feinabstimmungen. Erzählen Sie mal einem Wiener, dass er genauso tickt wie ein Klagenfurter – beide würden Sie für verrückt erklären. Zuallererst heißt es immer durchatmen und zuhören, wenn ein Gegenüber Befremden in mir auslöst. Also offen und neugierig bleiben! Entscheidend ist, dass wir zunächst die Kompatibilität suchen und erst danach den normativen Abwehrmodus aktivieren.

Neue Werte

Ich habe nun viel über die gemeinsamen Überzeugungen und Werte, wie sie sich aus der »Social Mood« generieren und über die soziale Software in der Gesellschaft anhand unserer Handlungen Gestalt annehmen, gesprochen. Systematiker würden an dieser Stelle nun nachfragen wollen, ob es nicht vielleicht noch ein bisschen konkreter ginge? Ließe sich da nicht ein Kriterienkatalog aufsetzen, eine Gebrauchsanweisung schreiben oder schlicht und ergreifend eine Liste erstellen, die wir dann beherzigen könnten? Oder um in der plakativen Welt von *Instagram* und Konsorten zu bleiben: Gibt es zukünftig *#20regelnnachcovid19*?

Die Antwort lautet nein, nein und nochmals nein. Aber wir können für die unerschrockenen Systematiker, die auch das dunkle feuchte Kellergeschoß unseres Menschengebäudes nicht fürchten, versuchen, in dieses tiefste Untergeschoß unseres kollektiven Unbewussten hinabzusteigen, um den bisherigen Prozess dieses kollektiven Unbewussten zu analysieren.

Was ist ganz tief an der Basis in den letzten Wochen passiert? Eine tiefe Erschütterung hat unser ganzes Gebäude erfasst, ein Erdbeben, in dem sich wohl tektonische Verschiebungen der Kontinentalplatten ankündigen, hat verheerende, nämlich existenzielle Ängste losgetreten. Plötzlich wurde es uns allen klar und wir haben es alle gespürt. Unsere Unversehrtheit, unsere Gesundheit wurde durch einen unsichtbaren, auf einmal überall und jederzeit im Hinterhalt lauernden Feind nachhaltig bedroht. Was sich für normal als Gegengift unserer Ängste einnehmen lässt, unsere materielle Sicherheit, zählt plötzlich nichts. Wir werden vollkommen auf uns selbst, unsere Natur als biologischer Organismus und unser Tun auf diesem Planeten zurückgeworfen. Wir finden uns in der Situation des Kindes, das nicht hören wollte und jetzt mit böse verletztem Knie dasitzt und grenzenlos gebeutelt heult. Und es geht uns jetzt genauso wie dem »kleinen heulenden Fratz«, der Ordnung in seinen Wertekanon bringen muss. Ist es eine gute Überlebensstrategie, auch in Zukunft in einer halsbrecherischen Aktion mit dem Skateboard einen steilen Hügel hinunterzudonnern, wie gerade eben, oder lassen sich andere Wege finden, die eigene Existenz sicherzustellen und seine Zeit mit einem sinnstiftenden, befriedigenden Gefühl zuzubringen?

Wir sind durch COVID-19 ganz massiv mit unserer Verletzbarkeit und der vielleicht nicht allerbesten bisherigen Kurswahl, so wie unser kleiner Junge, konfrontiert worden. Darin steckt natürlich eine grundsätzliche Werteverschiebung rund um das Thema Gesundheit. Gesundheit ist wichtiger geworden, die Gesundheitsgefahren werden konsequenter benannt, die Akzeptanz für gesundheitsgefährdendes Verhalten sinkt. Und sie führt nachfolgend auch zu Verhaltensänderungen. Jetzt zum Beispiel sind wir derzeit so massiv verunsichert, dass wir sogar einen Mindestabstand voneinander einhalten, uns Masken vors Gesicht binden und Handschuhe anziehen, wenn wir uns im öffentlichen Raum bewegen. Unsere Gesundheit ist uns heilig. Darauf setze ich. Alles andere wäre ja auch Selbstmord. Wir haben alle durch COVID-19 die hautnahe Erfahrung gemacht, was eine Pandemie für uns bedeutet, wie sie unser Leben lähmt. Diese Angst wird sich in unser kollektives Bewusstsein einbrennen und kann der Leuchtturm bei unseren Entscheidungen werden. Werte sind, wie es heißt, »conceptions of the desireable«, oder aber auch stabile Präferenzordnungen im Konfliktfall, der eine Entscheidung benötigt. Mit unserem Way of Living und dem ihm zugrunde liegenden Mindset haben wir Corona selber gerufen. Wenn wir dies verinnerlichen und auf die Erfahrungen unserer gefühlten Angst um unsere Gesundheit zurückgreifen und gleichzeitig auf unser Erleben, dass unser soziales Miteinander von fundamentaler Bedeutung ist, werden wir mit dieser Haltung unsere Zivilisation umbauen und die dafür richtigen Entscheidungen treffen, um Balance herzustellen und unseren Platz im Gesamtgefüge einzunehmen.

Konkret heißt dies Folgendes: Ein Ereignis wie COVID-19 verfügt über eine abrupte Durchschlagskraft, mit 9/11 absolut vergleichbar. Ich bin keine Zynikerin, die die Schicksale rund um COVID-19 verharmlosen will. Dennoch wage ich es jetzt, ganz konkret zwei positive Erkenntnisse zu benennen, die uns die Pandemie ermöglicht hat und die als Turbo dienen können.

Erstens. Das Leben ist jetzt! Wir haben die einmalige Chance einer Beschleunigung von Veränderung. Die diversen Klimakonferenzen und Ratssitzungen der letzten beiden Jahre haben anhand des Themas Umweltschutz verdeutlicht, dass der Umgang mit globalen Krisen im Normalfall eine Strategie der Mikro-Fortschritte mit lähmenden Verhandlungen zwischen den Stakeholdern der internationalen Staatengemeinschaft ist. Das wichtige Prinzip des Interessenausgleichs wird hier bis zur Unkenntlichkeit pervertiert und der Lächerlichkeit preisgegeben. Eine disruptive Krise wie COVID-19 liefert den Antrieb, neue Normen und Handlungsmuster abrupt einzuführen und zu testen. Wir testen schnell, wir lernen schnell!

Zweitens. Wir sind eine Menschheit! Wir haben ein Erlebnis, das eine integrative Funktion erfüllt. Und zwar für die gesamte Welt. COVID-19 ist der inhaltliche Kitt einer Entwicklung, von der jeder Mensch betroffen ist. Ein soziales Schmiermittel, das Austausch, kollektives Nachdenken, gemeinsame Ziele jenseits nationaler und kontinentaler Grenzen ermöglicht. In den sozialen Medien beschweren sich manche, dass bei COVID-19 alle – also nicht nur Virologen, Gesundheitsexperten, geschulte Krisenmanager – mitreden. Ich finde es wunderbar, dass alle mitreden, weil es verdeutlicht, dass alle an einer gemeinsamen Sache arbeiten. Doch wenn wir dieses große demokratische Potential wirklich nützen wollen, so wird es ganz besonders wichtig sein, nun raschest faire Spielregeln zu entwickeln und diese zu installieren, um Fake News und alle destruktiven oder gar kriminellen Kräfte im Netz in die Schranken zu weisen. Eine derartige Chance auf eine

weltumspannende Werterevolution mit Bürgerbetei-
ligung kommt so schnell nicht wieder. Hoffentlich,
möchte ich in Anbetracht der verheerenden CO-
VID-19-Schicksale hinzufügen.

Bei allem Optimismus: Starten wir sehenden Auges in eine schwierige Zeit

Ja, es kann auch alles noch dramatischer kommen. Ja, wir sind schockiert, wenn tausende Menschen sterben. Alles andere wäre ein Armutszeugnis. Und ja, wir müssen uns mit einem Best-Case-Szenario zufrieden geben, in dem die Schüler und Studenten nur ein Semester verlieren und die Wirtschaft röchelnd am Boden liegt, aber nicht draufgeht. Zusätzlich werden uns die dramatischen Einschränkungen unserer persönlichen Freiheit mit einem kollektiven Trauma belegen. Was aber noch viel schwerer wiegt: Wir werden im Alltag die hässliche Fratze jener kennenlernen, die ganz sicher nicht zu den Protagonisten unserer Werterevolution gehören.

In den ersten Tagen der Corona-Krise war ich bei der Drogeriekette *DM* einkaufen. Dort bin ich in der Tierfutterabteilung einem Mann begegnet, der vollkommen wahllos mit einer ausholenden Bewegung des Arms das gesamte Katzenfutter-Fach ausgeräumt und in seinen Einkaufswagen verfrachtet hat. In seinem Gesicht war nicht Sorge zu erkennen, sondern nur pure, egomanische Gier. Dass hier im Bezirk wohl noch andere Katzen als seine leben, schien seinen Überlegungen vollkommen fremd zu sein. Ich musste irgendwie darauf reagieren, wie mir schien, und entschied mich für einen humoristischen Umgang mit der Situation. Für mich ist Humor immer eine gute Verarbeitungsstrategie und er hilft vor allem dabei, jenseits von Aggressionen ins Gespräch zu kommen.

»Na, Sie müssen wohl gestern ein klein wenig zu tief ins Glas geblickt haben, wenn ihr Kater so groß ist«, sagte ich in betont leichtem, scherzhaften Ton. Ich bin mir nicht sicher, ob es sich um einen gelungenen Scherz handelte, aber immerhin war es ein Scherz, ein Beziehungsangebot in einer sehr unangenehmen Situation. Der Katzenfutter-Mann hielt inne, sah mich eindringlich an und begann zu brüllen. Er brüllte, dass mich das einen Scheiß angehen würde und danach noch ein paar andere Unfreundlichkeiten.

In diesem Moment wusste ich, dass sehr aufschlussreiche Wochen auf uns zukommen. Die diesbezüglichen Erkenntnisse machen, und da wird es sehr bitter, auch nicht vor dem Freundeskreis halt. Natürlich sind da jene Freunde, die Anteil nehmen und sich als echte Ressource erweisen. Menschen, die fähig sind, sich in dieser Krise zu öffnen und gemeinsam mit einem zu wachsen.

Da sind dann aber auch die anderen. Menschen, die sich nach jahrelanger Freundschaft als Großmäuler herausstellen und sich dabei wie kleine, ängstliche, wegduckende Dolme verhalten. Diese Typen geben Unerreichbarkeit vor, weil sie vor Angst gar nicht mehr fähig sind, positive Akzente zu setzen, diese Unfähigkeit aber mit einer selbstgefälligen Attitüde kaschieren.

Auch im Arbeitsumfeld trennt sich die Spreu vom Weizen. Ich habe eine erfahrene Mitarbeiterin, die immer mit ihrem Selbstwert gekämpft hat. Sie hatte das Gefühl, dass sie im Vergleich zu Jüngeren einfach zu langsam und zu wenig lernfähig sei. Sie ist in der Krise immer zur Stelle, daran kann auch die temporäre Kurzarbeit nichts ändern.

Ich habe eine andere Mitarbeiterin, die es immer verstanden hat, ihren Wert für das Unternehmen offensiv darzustellen. Seit Krise angesagt ist, ist es ruhig um sie geworden.

Ich wage zu behaupten, dass wir alle in den vergangenen Wochen solche Erfahrungen mit Menschen in unserem Umfeld gemacht haben. Im ersten Moment ist das schmerzlich und in vielen Fällen auch eine schwere Enttäuschung. Dass wir die Gelegenheit haben, den Blick auf unser unmittelbares, persönliches Umfeld zu schärfen, ist aber auch eine Chance. Für jeden von uns bedeutet das, dass das soziale Umfeld nach der Krise zuverlässiger und wahrhaftiger sein wird als davor.

Ein Blick in die Zukunft lässt erahnen: Alles wird anders – alles wird gut

Ich versuchte während der Krise immer wieder, mir ungeschönt auszumalen, wie unser tägliches Leben nach COVID-19 wird. Wir werden wahrscheinlich Angst haben. Wir haben die Erfahrung gemacht, dass wir im öffentlichen Raum mit einer unsichtbaren Gefahr konfrontiert sind, die nichts mit irren Amokläufern oder drastischen Unfallszenarien zu tun hat. Es wird Unbehagen bei Berührungen geben. In der U-Bahn sind wir von diffusen Bedrohungen umstellt. Dort sind die potentiell verseuchten Stangen und Haltegriffe und der hüstelnde Typ am Nebensitz, der anscheinend schwer atmet.

Wir werden uns drei Mal überlegen, ob wir das Kino mit seinen engen Sitzen wieder *Netflix* vorziehen und ob wir ein Konzert besuchen, wo sich verschwitzte Leiber aneinander drücken. Und wenn dann im Oktober die erste Grippewelle kommt, ist das wie ein beängstigender Flashback, bei dem wir panische Verhaltensmuster aus COVID-19-Krisenzeiten abrufen.

Wir müssen uns dabei immer vor Augen halten, dass das eine normale Form der Verarbeitung ist.

Hoffnung machen mir die Schilderungen der Supermarktmitarbeiter, die in der Krise durchgehalten haben. Sie berichten von einer neuen Höflichkeit, von wertschätzenden Worten und von der Fähigkeit der Kunden, persönliche Grenzen zu wahren. Der Umgang mit dem Gegenüber wird also achtsamer. Diese Tugend können wir volley in die Post-Corona-Ära mitnehmen. Sie wird uns helfen, die soziale Offensive nach dem kalten Entzug noch stimmiger und genussvoller zu gestalten.

Die technischen Möglichkeiten, die uns die Krise vor Augen geführt und in unser Leben implementiert hat, werden bleiben. Ihre Bedeutung wird sich bloß verändern, auch deshalb, weil wir im Umgang mit diesen Technologien neue Kompetenzen erworben haben.

Ich sehe es zum Beispiel an meiner mittleren Tochter, die in London studiert und mit einem der letzten Flugzeuge nach Wien gekommen ist. Sie und ihr Freund, der seinerseits zu seinen Eltern nach Kalifornien gereist ist, können nun bereits seit Wochen nur mehr virtuell kommunizieren. In meiner Jugend hätte das gerade einmal Briefeschreiben und langes, langes Warten bedeutet. Ein Telefonat in die USA brauchte ein Überseekabel und gelang nicht immer. Die Reduktion auf Werkzeuge wie *Skype* oder *FaceTime* führt automatisch dazu, dass wir diese Hilfsmittel sinnvoller einsetzen. Während der Skype-Call bis dato ein lustiger Gag war, um ein paar Belanglosigkeiten auszutauschen, ist die Technologie nun Teil eines zwischenmenschlichen Rituals. Diese Telefonate sind jetzt wichtiger, meine Tochter reserviert sich Zeit, wählt für den Skype-Anruf einen festen Ort und nimmt dann Anteil am Leben ihres Freundes. Für beide ist das eine wichtige Stütze, sie haben eine weitere Möglichkeit des Austauschs erschlossen.

All diese Veränderung hat natürlich auch Auswirkungen auf den Gesetzgeber, dem es noch immer schwerfällt, die Verlagerung von bestimmten Services und Dienstleistungen in den digitalen Raum zu regeln. Das reicht von therapeutischen Beratungs-Angeboten mit Videotelefonie über rein digital abgewickelte Förderanliegen bis hin zu messengergestützten Alternativen für den Schulunterricht. COVID-19 hat hier zahlreiche Sonderfälle produziert, die nach der ungeplanten Bewährungsprobe evaluiert und verbessert werden müssen und den Alltag ergänzen könnten.

Natürlich mache ich mir auch viele Gedanken zum Thema Konsum. Ich bin der festen Überzeugung, dass das Begehren nach Konsumgütern Teil unserer Lebensrealität bleiben wird. Wir werden aber aufgrund der Erschütterung durch COVID-19 feststellen, dass die exzessiven Heilsversprechen des Materiellen nicht stimmen. Beides zusammen könnte die Geburt eines neuen Konsum-Pragmatismus ergeben.

Ich sitze zum Beispiel wie die meisten Menschen viel lieber auf einem Sessel, als auf dem Parkettboden. Also kaufe ich mir einen Sessel. Ich wähle den Sessel aber so aus, dass mich das Möbelstück möglichst lange begleitet. Schließlich hat mich die Krise gelehrt, dass die Vergänglichkeit eines Produkts ein echtes Problem ist, wenn ich keinen Nachschub bekomme. So ein neues Bewusstsein beeinflusst die gesamte Wertschöpfungskette vom Rohmaterial bis zum Verkäufer.

Der Verkäufer ist diesmal kein multinationaler, steueroptimierter Konzern mit einer Hotline in einem Callcenter in Mecklenburg-Vorpommern, sondern ein lokaler Anbieter, der mir nach einem Handy-Gespräch den Sessel zur Not auch persönlich vor die Tür stellt. Dass er das tut, davon konnte ich mich in der COVID-19-Krise überzeugen. Und hätte ich schon früher auf seine Qualität gesetzt, hätte ich mir die ganze Aufregung um die Beschaffung während der Krise erspart.

Die Prioritäten im Konsumgüterbereich werden sich verschieben und mit ihnen unser Einkaufsverhalten. Daraus ergibt sich ganz automatisch die Notwendigkeit für neue Wirtschaftszweige. Auf diese Weise wird das Virus zum Innovationsmotor, der sich von Dogmen wie der schnellen Skalierbarkeit um jeden Preis oder der geplanten Obsoleszenz, also dem vorprogrammierten Kaputtgehen von Produkten, emanzipiert.

Eben weil wir in der Krise wieder die Wertschätzung für den persönlichen Nahversorger in die »Social Mood« integriert haben, bekommen kleinteilig organisierte Ideen wie das »Used Cooking Oil Recycling«, bei dem Speiseöl in CO_2-neutralen Biodiesel umgewandelt wird, eine reelle Chance. Scheinbar altmodische Kulturtechniken wie Tierzucht und Gemüseanbau bekommen ob des Wunsches nach persönlicher Autonomie und lokaler Versorgungssicherheit neuen Aufwind.

Dadurch können dann auch kleine Start-ups wie *blün* gedeihen. Die Wiener Jungunternehmer haben unter dem Begriff Aquaponik eine Technik entwickelt, mit der sie Fischzucht und Gemüseanbau in einem ökologisch effektiven Kreislauf vereinen.

Eine Änderung des Konsumverhaltens schließt natürlich ein, dass wir auch Aspekte wie das Urlaub ma-

chen neu denken. Dass mit Ischgl, auch bekannt als
»Ballermann der Berge«, just ein Tiroler Winterskiort
zur europäischen Drehscheibe von COVID-19 wurde,
stimmt nachdenklich. In der akuten Phase der Pandemie stand das Krisenmanagement der dortigen Behörden im Kreuzfeuer der Kritik. Ob zurecht obliegt nicht
meiner Beurteilung. Jedoch möchte ich festhalten, dass
es beim Umgang mit neuen, schwierigen Situationen
auch einer reifen Fehlerkultur bedarf, in der mögliches
menschliches Versagen zu einer sorgfältigen Aufarbeitung und nicht zu einer sozialen Hinrichtung führt.

Viel schwerer wiegen für mich da Verhaltensmuster
von unmittelbar Involvierten, die von Oberflächlichkeit und Maßlosigkeit zeugen. Dass gerade in dieser
wunderbaren Natur eine Begegnungskultur in den
Aprés-Ski-Bars gepflegt wird, die nichts mit Interkul-
turalität zu tun hat, stimmt traurig. Sind die Skihänge
nur Unterlage, wird die Natur nur missbraucht. Hier
tummeln sich Menschen aus vielen Nationen. Diese
Menschen pflegen aber keinen interkulturellen Dialog, sie stehen mit wenigen Zentimetern Abstand bei-
sammen und brüllen sich zwischen zwei stumpfsinni-
gen Aprés-Ski-Hits ins Ohr.

Auch sehen wir anhand des Themas Alkohol, wie
krankmachend Konsum sein kann. Es sind unsere

weißen Blutkörperchen, die Erreger aller Art bekämpfen. Die Blutkörperchen sind keine Einzelkämpfer, sie kommunizieren innerhalb des Körpers mit Botenstoffen und aktivieren Immunzellen. Alkohol stört dieses Prinzip und unterdrückt die Wirksamkeit der weißen Blutkörperchen. Wo gesoffen wird, werden Menschen leichter krank. Das eint die Skandinavier, Holländer, Deutschen und Wiener, die sich in Ischgls Aprés-Ski-Bars angesteckt haben.

Insofern lässt sich daraus der Impuls ableiten, beim nächsten Skiurlaub auf die natürliche Schönheit des Nordtiroler Paznaun und auf die Wellness-Angebote der Hotellerie zu setzen. Die Jungen können ihre digitale Kompetenz ja dazu nutzen, sich in kleinen, multikulturellen Runden zu organisieren, bei denen geplaudert, geschäkert und natürlich auch gefeiert wird. Nein, es geht nicht um ein Verbot von Freude und Leidenschaft. Es geht um das Aussortieren jener Kulturtechniken, die Freude und Leidenschaft versprechen und dieses Versprechen nur auf einer oberflächlichen Ebene einlösen. COVID-19 bedeutet radikale Veränderung. Es wird sich aber in vielen Bereichen um eine Veränderung zum Besseren handeln. Auch das ist Teil der Krisenpsychologie.

Es geht nicht darum, die Jungen zu tadeln – es geht darum, sich auf sie zu verlassen

COVID-19 geht aufgrund seiner globalen Durchschlagskraft nicht nur als virologisches, sondern auch sozialpsychologisches Phänomen in die Geschichtsbücher ein. Die Angst, die COVID-19 in unsere Gesellschaft gepflanzt hat, wird sich nicht so einfach auslöschen lassen. Natürlich werden wir das soziale und wirtschaftliche Miteinander auch unter dem Gesichtspunkt eines erhöhten Sicherheitsbedürfnisses weiterentwickeln oder sogar neu erfinden müssen.

Dazu zählt, dass wir nicht allein in unserer etablierten sozialen Logik verharren, sondern stark auf die jetzt heranwachsende Generation setzen. Selbst für Kleinkinder, die gerade noch Windeln tragen, ist die COVID-19-Krise, wenngleich in ganz anderer Weise, ein wahrnehmbares Ereignis. Denn ein Baby beziehungsweise Kleinkind schwingt emotional mit seinen Betreuungspersonen mit.

Umso wichtiger ist es, dass junge Eltern innehalten und zu einer zukunfsträchtigen Haltung in der Krise gelangen. Darin steckt die Chance, dass Kinder eine neue Haltung im wahrsten Sinne des Wortes mit der Muttermilch aufsaugen.

Der nächste Schritt wäre, dass wir die Phase, in der ein Kind Interesse an der sozialen Umgebung außerhalb der Familie entwickelt, in ihrer Bedeutung besser erkennen. Dabei fällt der Frühkind- und Kindergarten-Pädagogik eine fulminant wichtige Aufgabe zu. Unsere Kinder wachsen mit weniger als einem Geschwisterkind auf und befinden sich große Zeitsegmente ihrer besten wachen Tageszeit über in der Betreuungseinrichtung. Hier erleben sie sozialen Umgang mit ihrer eigenen Alterskohorte, hier erlernen sie soziale Spielregeln miteinander als Kinder und für ihr zukünftiges Erwachsenenleben. Hier befindet sich die Zukunftswerkstätte unserer Gesellschaft. Hier werden unter anderem im Rahmen der Früh- und Kindergartenpädagogik Grundstrukturen für innere Werte und Haltungen angelegt. Hier liegt neben der Familie der Schlüssel für Selbstbestimmung, für stabiles Selbstvertrauen und für kritisches Hinterfragen.

Lange Zeit dominierte der Glaube an die Akademisierung. Die pädagogische Losung lautete: Das Beibringen von fachlicher Information ist am Wesentlichsten. Kinder müssen Kulturtechniken, Farben, Buchstaben und Rechenoperationen lernen. Natürlich müssen sie das. Aber viel wesentlicher ist die Erkenntnis, dass die Pädagogik die Zukunftswerkstatt des sozialen Miteinanders ist. Die Vermittlung dieses Grundsatzes ist der entscheidende Auftrag, wenn wir pädagogische Konzepte in Umlauf bringen. Folgende Punkte müssen wir gerade nach COVID-19 berücksichtigen:

Erstens. Dass wir aufeinander achten, weil wir ohne einander nicht können, ist das zentrale Paradigma der kindlichen Prägung. Wer das nicht versteht, hat in der Pädagogik nichts verloren.

Zweitens. Die Sensibilisierung für dieses Paradigma muss all unsere pädagogischen Abläufe und Erziehungsprogramme prägen. Nur so funktioniert kindliche Sozialisation.

Drittens. Wir benötigen dringend unabhängige Kontroll- und Zertifizierungssysteme für die Kleinkind-Pädagogik. Jeder Schwachsinn wird heute von einem standardisierten Qualitätsmanagement begleitet. Dort, wo es am Wichtigsten wäre, nämlich in der Prägung unserer Kleinkinder, lassen wir Spielräume, die so nicht existieren dürfen.

Viertens. Individualförderung darf nicht Gemeinschaftsförderung ersetzen. Zusammensein, sich in der Gruppe mitteilen, eigene Bedürfnisse zugunsten der Gemeinschaft verschieben, respektvoll agieren, gemeinsame Rituale pflegen – all das auf dem Altar der individuellen Optimierung zu opfern, wäre ein fatales Signal.

Fünftens. Wir müssen Anleitungen anbieten, die Kindern und Jugendlichen Gemeinschaftsorientierung geben und uns diese Anleitungen auch zutrauen. Solche Anleitungen funktionieren ganz unkompliziert, zum Beispiel in Form eines gemeinsam zubereiteten Gabelfrühstücks oder, aus gegebenem Anlass, mit einem gemeinsamen Händewasch-Ritual vor dem Mittagessen. Auch ältere Kinder sind für solche Rituale der Gemeinsamkeit empfänglich. Mit ihnen geht man halt nicht Händewaschen, sondern organisiert eine Zeltwoche im Wald.

Sechstens. Wir müssen bereits in der frühkindlichen Pädagogik einen Sensor für antisoziale Verhaltensmuster entwickeln und uns nicht davor scheuen, diesen Mustern entgegenzuwirken. Wenn ein Kind das andere umrennt und es dann auch noch beschimpft, müssen wir konsequent klarmachen, dass eine Entschuldigung die richtige Reaktion wäre.

Siebtens. Wir müssen akzeptieren, dass der mediale Wandel nicht auf unsere Befindlichkeiten Rücksicht nimmt. Wer Kinder erreichen will, muss die neuen Alltagstechnologien in sein Handeln einbeziehen. Das ist kein Appell zu einer unkritischen Betrachtung neuer Medien. Es ist ein Appell dafür, dass wir uns trotz Überforderung auf die Suche nach den positiven Aspekten machen und sie einsetzen.

Achtens. Unsere Bildungseinrichtungen müssen Lebensräume werden, die Schüler auch als solche empfinden. Lebensraum bedeutet auch, ein persönlicher Erweiterungsraum zu sein, bei dem der Schulbetrieb in erster Linie Zugehörigkeit und Sicherheit vermittelt.

Neuntens. Pädagogen müssen die ihnen zustehende Wertschätzung und den ihnen zukommenden Platz in der Gesellschaft bekommen. Dabei muss sich das Selbstverständnis von Pädagogen mehr in Richtung eines Entwicklungshelfers der Gesellschaft entwickeln. Dieses Bild ist insofern sehr passend, weil Ent

wicklungshelfer seit jeher wissen, dass sie nicht
Selbstzweck sind. Ihre Mission ist die Hilfe zur Selbst-
hilfe. Die Ermächtigung zur Selbstermächtigung.

Wenn wir diese Punkte ein bisschen auf uns wirken
lassen, werden wir erkennen, dass hier ein ganz star-
ker Bezug zur COVID-19-Krise existiert. Ich gehe noch
weiter. COVID-19 ermöglichte und ermöglicht in vielen Bereichen ein pädagogisches Modelllernen, das
auf das Danach übertragbar ist.

Das Faszinierende ist, dass Pädagogen während
der Krise intuitiv ausnehmend viel richtig machten.
Klassenvorstände stärken den Zusammenhalt mit vir-
tuellen Klassentreffen, die über die Online-Plattform
Zoom organisiert sind. Lern-Betreuer liefern tägliche
Updates zum aktuellen Stoff, indem sie cloudbasierte
Plattformen mit Feedback-Funktionen einsetzen.

Ich kenne Lehrer, die fremdsprachige Handyfüh-
rungen durch das Jugendzimmer anregen, damit die
Englischkenntnisse auch in der Krise nicht verküm-
mern. Eltern organisieren sich in WhatsApp-Gruppen
und schaffen neben der organisatorischen Kompo-
nente auch ein Ventil bei Überforderung und Lagerkoller. Die vom Europäischen Fonds für regionale
Entwicklung kofinanzierte Lernplattform *anton.app*

wird endlich im Klassenverbund eingesetzt und integriert Prinzipien der so genannten »Gamification«, also der Anwendung spieltypischer Elemente in neuen Kontexten.

COVID-19 zwingt uns, den Wert von sozialem Leben anzuerkennen, weil wir so schmerzlich erkennen, was uns fehlt. Und COVID-19 zwingt uns dank der vielen jungen Menschen, neue, zeitgemäße Wege zu finden, dieses Bedürfnis auszuleben. Davon werden wir alle noch profitieren.

Gemeinsam zusammenhalten statt einsam Angst haben

Wenn schon 9/11 unser Sicherheitsgefühl und damit unsere »Social Mood« nachhaltig zum Thema des globalen Terrors beeinflussen hat können, und dies, obwohl die Twin Towers ein ganzes Weltmeer von uns entfernt standen, wenn Modedesigner mit ihren Brandings und Werbekampagnen vermögen, in uns ein unstillbares Verlangen nach irgendeinem Konsumgut oder nur nach einer gängigen Rocklänge zu entfachen, um das ersehnte Gefühl von Zugehörigkeit zu empfinden, dann muss COVID-19 der Wendepunkt unserer Zivilisation werden können, wenn wir die Botschaft verstehen. Denn hier geht es ganz unmittelbar ums Leben, das Leben jedes einzelnen! Das fühlt sich noch viel näher an als rauchende Wolkenkratzer auf einem anderen Kontinent.

Jetzt müsste auch der größte Ignorant erkannt haben, dass sich die Zeiten geändert haben. Dank der unendlichen Verflechtung von allem mit allem auf diesem Globus geht es uns heute sehr wohl etwas an, wenn in China ein Fahrrad umfällt. Denn jetzt gleich, nicht erst morgen könnte es auch mich treffen. Oder es hat mich bereits getroffen und ich weiß es nur noch nicht, denn die Todesschwadronen könnten lautlos und unsichtbar überall lauern. Und jederzeit aufs Neue oder auch in neuem Gewand wieder über uns hereinbrechen. Wir müssen eine dringliche Kurskorrektur mit diesem Öltanker unserer Zivilisation durchführen, soll er nicht an einem nahenden Riff zerschellen.

Dies geht nur gemeinsam, nur wenn wir unsere Zusammengehörigkeit spüren und aufeinander achten. Gemeinsam müssen wir uns ins Ruder hängen, denn nur gemeinsam werden wir mit den Gegenkräften der Beharrung fertig werden. Großartige Menschen haben uns dieses »gemeinsam« gerade erst jetzt in der Krise vorgelebt. Darauf müssen wir in unserem Alltagsleben setzen, es ausbauen, zu unserer Haltung werden lassen. Wir müssen Kampagnen des »Gemeinsam zusammenhalten statt einsam Angst haben« starten, Kampagnen, wie sie bislang die Werbung so erfolgreich für Konsumprodukte verwendet. Das muss uns unsere Zivilisation, das müssen wir uns selber wert sein.

Und wir müssen achtsam sein, sehr achtsam, zuallererst auf uns selber, um zu erkennen, ob wir selber aus lauter Angst die Ränder unserer Autonomie aufzuweichen beginnen und die Kontrolle an ein »Außen« mit seinen Technologien abzugeben bereit werden. Wir müssen uns vor der Vernunft der Mächtigen und Politiker schützen und ihr misstrauen. Wir müssen einem schnörkellosen demokratischen Dialog, der rationales Denken mit empathischem Fühlen zu verbinden versteht, die Lanze brechen. Dazu müssen wir auch bereit sein, uns zusammenzuschließen, um auf die Gefahren von Autonomieverlust hinzuweisen. Und wir müssen fordern, dass Unternehmen sozial und rentabel werden und damit zu gemeinsamen Unternehmungen von vielen. Die bereits bestehenden Beispiele müssen wir für alle sichtbar machen, damit der Chor derer, die sich den Menschen nur als Homo sapiens bestialis vorstellen können, seine Stimme verliert.

Das alles bedeutet eine gigantische Herausforderung für uns, fühlt sich wie ein Balancieren auf einer gläsernen Hängebrücke über einem Abgrund an, doch unser Siegespreis wird kein geringerer sein als unsere Selbstermächtigung und eine gesunde Erde.

Ein emotionales Schlusswort

Ich kenne einen Mann in der Toskana, der viele Jahre als Architekt gearbeitet hat. Eine Zeit lang verwaltete er meinen Olivengarten in Italien, dann hat er sich wieder seinem ursprünglichen Handwerk zugewandt. Für ihn bedeutet COVID-19 keinerlei Veränderung. Er kam mir in seiner Bedürfnislosigkeit immer sehr anachronistisch vor. Er war oft schlicht in seinen Betrachtungen und dabei sehr klug, auf dem Punkt könnte man auch sagen. Brauchte nicht viel Herumgerede. Er konnte durchwegs hart arbeiten, auch unter der toskanischen Sommersonne, und lag dann auch wieder für Stunden in einer zwischen zwei Bäumen gespannten Hängematte, den Blick einfach auf die Hügel gerichtet. Er kannte keine Unrast und schien nie zu fürchten, etwas zu versäumen oder zu verpassen, obwohl er kaum ausging. Er freute sich über eine Einladung zum Grillen, aber ein Teller Spaghetti schien ihm gleichlieb und als der Aprikosenbaum im Juni seine Früchte reichte, überraschte ich ihn einmal in tiefer Versunkenheit, als er sie aß.

Irgendwann hat er mir anvertraut, dass er vor einigen Jahren seine Verlobte bei einem Autounfall verloren hat. Zum Zeitpunkt des Unfalls war sie schwanger. Er hatte sich sehr spät und mit viel Bedacht auf eine Beziehung und das Thema Familiengründung eingelassen. Er war sich einfach nicht sicher gewesen, ob er den Anforderungen entsprechen würde. Damals hatten in seinem Leben materielle Dinge auch eine wichtige Rolle gespielt. Nach dieser gigantischen Lebenserschütterung dachte er darüber nach, was er wirklich brauchte, um sich in dieser Welt wieder sicher zu fühlen. Dabei ging er sehr radikal vor. Er definierte folgende materiellen Bedürfnisse:

Ein Dach über dem Kopf.
Genügend Nahrung.
Bücher als geistige Nahrung,
hie und da auch ein Theaterbesuch.
Funktionale Kleidung für jede Witterung.
Das Internet zum Kommunizieren.
Ein Motorrad, um Leidenschaft zu leben.

Darüber hinaus wollte er nur möglichst viel Zeit mit Menschen verbringen, die ihm wichtig sind. Um dieses Prinzip radikal leben zu können, gab er seinen stressigen Architektenjob auf und kehrte in einen sehr ursprünglichen naheliegenden Handwerkerberuf, den als Maurer zurück. Das Angreifen von rohen Ziegeln und das Aufstellen einer Wand befriedigte ihn mehr, als das Einreichen eines Plans bei einer Behörde in Mailand. Das COVID-19 dieses Mannes war der Tod seiner Verlobten und des ungeborenen gemeinsamen Kindes. Er hat uns etwas voraus. Er hat den schmerzlichen Prozess der Zäsur hinter sich, ihn durchschritten und integriert und daraus gelernt. Dementsprechend gelassen ging er mit der Krise um.

Sensibilisiert durch die globale Krisenstimmung, habe ich mir vorgenommen, noch mehr von diesem Mann zu lernen. Er hat mir öfter schon berichtet, dass sein Leben nun viel besser geworden ist. Er sagt, dass er nun auch *gefühlt* genug von allem hat. Das klingt paradox. Wo er doch objektiv so viel weniger hat als früher. Ich habe ihn gefragt, was nach der Trauer und Überwindung des Schmerzes die wichtigste Herausforderung für ihn war. Er antwortete, dass es die Überwindung der Angst gewesen sei. Die Angst davor, was passiert, wenn man sich aus all den gesellschaftlichen Spielchen herausnimmt und nur noch auf das Wesentliche konzentriert.

Obwohl ich als Psychotherapeutin große Offenheit für solche Überlegungen habe, war mein toskanischer Verwalter dennoch immer so etwas wie ein tragisch-romantischer Aussteiger-Mythos. Erst jetzt kann ich das anders sehen. Vielleicht sollten wir mit genau diesen Menschen in Dialog treten. Vielleicht müssen wir das, was mein toskanischer Verwalter bereits hinter sich hat, als Gedankenexperiment für unser eigenes Leben wagen. Genug Zeit zum Nachdenken haben wir ja jetzt dank Ausgangsbeschränkung.

Martina
Leibovici-Mühlberger

DER
TYRANNEN
KINDER
ERZIEHUNGS
PLAN

Warum wir für die Erziehung ein
neues Menschenbild brauchen und
warum die Tyrannenkinder zu den
Besten gehören können

edition a

Martina Leibovici-Mühlberger

Der Tyrannenkinder-Erziehungsplan

Warum wir für die Erziehung ein neues Menschenbild brauchen und warum die Tyrannenkinder zu den besten gehören können

Was tun mit den Tyrannenkindern? Wie umgehen mit dem Nachwuchs, der uns essgestört, chillbewusst, leistungsverweigernd und verhaltensoriginell in die Resignation treibt? Die Psychotherapeutin Martina Leibovici-Mühlberger glaubt, dass diese Kinder beim Bewältigen zukünftiger Herausforderungen zu den Besten gehören können. Ihre richtige Erziehung setzt allerdings ein neues Menschenbild voraus.

176 Seiten, 24,90€

ISBN 978-3-99001-232-1

Martina Leibovici-Mühlberger

WENN DIE TYRANNEN KINDER ERWACHSEN WERDEN

WARUM WIR NICHT AUF DIE NÄCHSTE GENERATION ZÄHLEN KÖNNEN

edition a

Martina Leibovici-Mühlberger

Wenn die Tyrannenkinder erwachsen werden

Warum wir nicht mehr auf die nächste
Generation zählen können

Übergewichtig und essgestört, chillbewusst und
leistungsverweigernd, verhaltensoriginell, ty-
rannisch und voll Widerstand, so präsentieren
sich immer mehr Kinder. Wir sind selbst daran
schuld, denn wir haben sie dazu gemacht. Doch
wie werden diese Kinder als Erwachsene eine
hochkomplexe Zukunft gestalten? Das Ergebnis
könnte grausam ausfallen, denn die Alten werden auf diese junge Generation nicht mehr zählen können.

160 Seiten, 21,90 €
ISBN 978-3-99001-138-6

Martina Leibovici-Mühlberger

DIE BURN OUT LÜGE

**WAS UNS WIRKLICH SCHWÄCHT.
WIE WIR STARK BLEIBEN.**

edition a

Martina Leibovici-Mühlberger
Die Burnout Lüge
Was uns wirklich schwächt. Wie wir stark bleiben.

Die Art von Burnout, die unser Gesundheitssystem immer öfter diagnostiziert, gibt es in Wirklichkeit nicht. Das Phänomen Burnout ist eine
Erfindung der Gesellschaft, Burnout-Patienten
sind Vorreiter eines Systemcrashs, doch wir sehen die Warnung nicht. Die Gesundheits- und
Wellnessindustrie verdient viel Geld mit der Diagnose Burnout, doch sie macht alles nur noch
schlimmer. Denn Ruhe, Entspannung und Aus-
gliederung aus der Arbeitswelt sind der falsche
Weg. Work, pray, love!, empfiehlt die renommier-
te Ärztin und Psychotherapeutin Martina Leibovici-Mühlberger zur Vorsorge und Heilung.

224 Seiten, 19,95 €
ISBN 978-3-99001-062-4